"双循环"新格局下

进博会与上海城市功能研究

杨 勇 著

上海交通大学出版社
SHANGHAI JIAO TONG UNIVERSITY PRESS

内容摘要

中央上海进一步强化开放枢纽门户功能,勇敢跳到世界经济的汪洋大海中,勇敢跳到世界经济的汪洋大海中去搏击风浪、强筋壮骨。以中国国际进口博览会和中国(上海)自由贸易试验区临港新片区等平台为依托进一步扩大对外开放,是上海强化开放枢纽门户功能的重要抓手和实施路径。本书总结和分析进博会举办过程取得成就与存在的问题,提出应依托进博会、新片区等平台实施更大力度对外开放,打造国际国内双循环新发展格局。

本书适合高等院校城市管理、经济管理等专业的研究参考用书,也可作为政府相关管理人员参考资料。

图书在版编目(CIP)数据

"双循环"新格局下进博会与上海城市功能研究/
杨勇著.—上海:上海交通大学出版社,2022.10
ISBN 978-7-313-26588-3

Ⅰ.①双… Ⅱ.①杨… Ⅲ.①国际贸易-进口贸易-
博览会-研究-上海②城市管理-研究-上海 Ⅳ.
①F752.61-282②F299.275.1

中国版本图书馆 CIP 数据核字(2022)第 024142 号

"双循环"新格局下进博会与上海城市功能研究
"SHUANGXUNHUAN" XINGEJUXIA JINBOHUI YU
SHANGHAI CHENGSHI GONGNENG YANJIU

著　　者:杨　勇			
出版发行:上海交通大学出版社	地　　址:上海市番禺路 951 号
邮政编码:200030	电　　话:021-64071208
印　　制:苏州市古得堡数码印刷有限公司	经　　销:全国新华书店
开　　本:710 mm×1000 mm　1/16	印　　张:13.75
字　　数:236 千字	
版　　次:2022 年 10 月第 1 版	印　　次:2022 年 10 月第 1 次印刷
书　　号:ISBN 978-7-313-26588-3	
定　　价:68.00 元	

前　言

当前,中国"双循环"新发展格局对上海提出了新的要求和机遇。习近平总书记在上海考察时要求上海进一步强化开放枢纽门户功能,勇敢跳到世界经济的汪洋大海中去搏击风浪、强筋壮骨。中国国际进口博览会(以下简称"进博会")和中国(上海)自由贸易试验区临港新片区(以下简称"新片区")等平台是上海对外开放的重要载体,以进博会和新片区等平台为依托进一步扩大对外开放,是上海强化开放枢纽门户功能的重要抓手和实施路径。

长期以来,作为中国的开放枢纽门户,上海通过引进外资和新技术、发展总部经济、促进国际分工等方式,实现了开放水平的持续提升。但是,与东京、伦敦等全球城市相比,上海在资源集聚能力、制度创新水平、营商环境打造等方面仍存在一定差距。与此同时,上海也面临着全球价值链凸显、贸易保护主义升级、生产要素成本上升、国内环境变化、数字技术发展等特征的对外开放新格局。因此,面向未来,上海亟须寻找对外开放再出发的有效抓手,为切实提升城市能级和核心竞争力、更好地服务国家战略和代表国家参与全球竞争注入新动力。

作为主动扩大进口和开放市场的重要载体,进博会举办和新片区设立为上海强化开放枢纽门户功能提供了良好的契机。这不仅有助于打造"上海平台",为推动全球经济发展提供新路径,而且有助于构建便捷开放的"上海通道",为上海运用全球资源提升城市竞争力、吸引力和辐射力创造长期可持续的战略机遇。

鉴于此,本书立足于上海对外开放的现实背景,分析上海在打造对外开放枢纽门户中的成效和不足,把握其亟待提升的关键领域,为分析如何发挥进博会和新片区功能提供现实基础。通过案例分析,解析会展活动、自贸区与对外开放间的关系,为进博会和新片区如何在更大范围和更大程度上强化上海开放枢纽门

1

户功能提供模式借鉴。然后,系统分析利用进博会和新片区提升上海对外开放水平的关键领域、总体思路和路径障碍。接着,分析利用进博会和新片区打造开放枢纽门户的有效抓手,从体制和机制层面提供可能的改进方向。

强化开放枢纽门户既是以习近平同志为核心的党中央交给上海的任务之一,也是推动上海实现高质量发展的重要抓手。本书不仅有助于了解上海作为开放枢纽门户的建设现状,梳理成效和不足,排出补齐短板的任务书、时刻表,对提升上海城市能级与核心竞争力,实现更高水平对外开放具有重要意义;而且通过总结借助进博会和新片区强化上海开放枢纽门户功能的实践模式,形成可推广、可复制、可持续的长效机制,为地方智库提供必要的研究案例,为推动全球经贸发展、促进更高水平开放贡献上海智慧、中国力量。

本书部分内容获得 2020 年度上海市人民政府决策咨询研究重点课题"依托进博会等平台进一步强化上海开放枢纽门户功能研究"(2020 - A - 008 - A)资助,在此表示感谢。

目　　录

第一部分　进博会、新片区强化上海
开放枢纽门户功能研究

第一部分

进博会、新片区强化上海开放枢纽门户功能研究①

① 本部分内容获得 2020 年度上海市人民政府决策咨询研究重点课题"依托进博会等平台进一步强化上海开放枢纽门户功能研究"(2020－A－008－A)资助。

随着改革开放的深入，中国已经从适应性融入国际产业分工体系向引领全球化发展新趋势、共建开放型世界经济的方向转变。长期以来，作为中国的开放枢纽门户，上海通过引进外资和新技术、发展总部经济、促进国际分工等方式，实现了开放水平的长足进步。但是，与东京、伦敦等全球城市相比，上海在资源集聚能力、制度创新水平、营商环境打造等方面仍存在一定差距。与此同时，上海也面临着全球价值链凸显、贸易保护主义升级、生产要素成本上升、国内环境变化、数字技术发展为特征的对外开放新格局。因此，面向未来，上海亟须寻找对外开放再出发的有效抓手，为切实提升城市能级和核心竞争力、更好地服务国家战略和代表国家参与全球竞争注入新动力。

习近平总书记在上海考察时提出上海要进一步强化开放枢纽门户功能，要勇敢跳到世界经济的汪洋大海中去搏击风浪、强筋壮骨。上海要积极对照高水平对外开放枢纽门户的基本特征，积极应对当前国内外形势，率先突破逆全球化思潮的影响，统筹考虑和综合运用国际国内两个市场、国际国内两种资源，在市场、产业、要素等方面多维度增强"双循环"中的战略链接功能，积极打造链接全球、融通全球、覆盖全球、影响全球的对外开放枢纽门户。

举办中国国际进口博览会是我国着眼推进新一轮高水平对外开放做出的一项重大决策，是我国主动向世界开放市场的重大举措。作为世界上第一个以进口为主题的国家级展会，进博会积极推动让展品变商品、让展商变投资商，交流创意和理念，打造联通中国和世界的国际采购、投资促进、人文交流、开放合作平台，为各国开展贸易、加强合作开辟新渠道，促进世界经济和贸易共同繁荣。

与此同时，上海强化开放枢纽门户功能在全球客源市场有待拓展、"保展商互转"不够通畅、高端要素聚集功能有待增强、联动机制有待优化等方面依然存在不足。为了增强上海的开放枢纽门户功能，要以发挥市场潜能为抓手，培育对外开放的双循环动能；以建设高能级平台为抓手，强化生产要素配置功能；以扶持龙头企业为抓手，增强对外开放的市场活力；以引进优质项目为抓手，完善对外开放的产业链体系。上海要充分利用政策优势，强化行政的协调与统领的作用；强化内在联系，实现进博会、新片区同频共振；优化空间格局和营商环境，建立极简审批制度，创新海关监管模式；创新思路，打造国际化人才聚集新高地，多维度支撑上海开放枢纽门户建设。

第一章　上海对外开放面临的新形势以及战略要求

第一节　上海对外开放面临的新形势

习近平总书记在上海考察时指出,要强化上海的开放枢纽门户功能。新发展背景下,临港新片区、进博会等平台是上海对外开放的重要载体,是认真贯彻落实习总书记重要指示精神、强化上海开放枢纽门户功能的重要途径。

高水平对外开放枢纽门户,是在一国或一个区域实行对外开放的战略导向下,依托具有高水平竞争力的交通、信息、金融等枢纽,承担各类要素流通和集聚的门户城市或门户区域。国际开放门户枢纽城市是在对外开放和国际交往中起到重要联通作用的中心城市,是现代化和全球化进程中形成的高层级城市。

总结纽约、伦敦、新加坡、中国香港、迪拜等国际化城市的发展特征可以发现,在全球开放枢纽门户城市的建设实践中,多依托特定的空间区域或平台,承担相应的对外开放功能。国际开放枢纽门户城市综合了多样化的枢纽功能,是投融资枢纽、贸易旅游枢纽、交通物流枢纽、专业服务枢纽、开放合作枢纽、文化人文枢纽等战略枢纽的重要节点,具备包括区位优势显著、通道建设完善、制度环境良好、产业基础厚实、经济辐射强劲等诸多的特征。

长期以来,作为中国的开放枢纽门户,上海通过引进外资和新技术、发展总部经济、促进国际分工等方式,实现了开放水平的长足进步。但是,与纽约、伦敦、东京等全球城市相比,上海在资源集聚能力、制度创新水平、营商环境打造等方面仍存在一定差距。与此同时,上海也面临着全球价值链凸显、贸易保护主义升级、生产要素成本上升、国内环境变化、数字技术发展等特征的对外开放新格局。对照高水平对外开放枢纽门户的基本特征,上海拥有得天独厚的区位优势、要素集聚及流转能力、立足长三角辐射国内外的战略机遇。在新时代背景下,上海对外开放枢纽门户功能彰显出新要求与新特征,需要更宽的视域、更高的站位、更强的使命,对建设国际开放门户枢纽城市要有更全面的考量、更长远的规划、更精细的管理,从而形成更高水平的对外开放枢纽门户。

强化开放枢纽门户功能,成为国内大循环的中心节点、国内国际双循环相互促进的战略链接,这是习总书记对上海提出的更高发展要求。上海要明确自身定位、链接全球、融通全球、覆盖全球、影响全球的重要使命,强化开放枢纽功能,也是上海"吃改革饭、走开放路、打创新牌",实现新时期上海高质量发展的推动器。

一、积极构建国内国际双循环相互促进的新发展格局

当前世界经济正面临"百年未有之大变局"。一是,"逆全球化"思潮迭起,全球经济处于"失衡"与"再平衡"的变革进程中,全球资源配置效率下降;二是,疫情造成国际贸易投资骤降,国际物流、资金、服务和人员往来受限,全球产业链供应链循环受阻,跨境投资和国际贸易明显放缓;三是,经济处于下行区间,全球性经济衰退阴云笼罩。

形成"国内大循环为主体、国内国际双循环相互促进"新发展格局,是习近平总书记立足我国长远发展战略、针对我国经济发展新阶段出现的新情况,敏锐洞察国际形势深刻变化,做出的既立足当前又着眼长远的重大战略抉择。上海要依托进博会、新片区等载体,有效发挥虹桥商务区、自由贸易试验区、保税区等对外开放前沿高地的作用,聚焦投资与服务贸易便利化改革,不断探索制度创新、先行先试,为国家高水平开放探索新模式、新经验,为我国与世界进一步合作畅通道路。

上海要多维度增强"双循环"中的战略链接功能。具体说来,要积极依托进博会、新片区等平台,在市场链接、产业链接、要素链接、创新链接等方面,增强上海在国内国际循环中的链接作用。依托进博会的商品进出口作用,激发国内需求动力,加快构建完整的内需体系,增强市场链接;依托新片区的产业集群优势,增强产业链接;提升对新一轮国际金融、贸易、投资的服务能力,提高上海促进国际国内要素流动的枢纽服务功能,增强要素链接;提升科技创新策源能力,突破核心技术、卡脖子技术,增强创新链接。

二、中美贸易摩擦为上海打造开放枢纽门户带来机遇和挑战

中美贸易关系自从两国建立贸易关系以来就在摩擦和曲折中发展,且摩擦和冲突下呈现持久性发展趋势。2018 年以来,美国前总统特朗普主动挑起和推动的新一轮中美贸易摩擦呈现出愈演愈烈的势头,"逆全球化"思潮甚嚣尘上。

这无疑是美国从战略上遏制中国在经贸领域的集中表现。面对世界百年未有之大变局,中国积极应对,坚持深化改革和全面扩大开放。2018 年 4 月,习近平主席在博鳌亚洲论坛开幕式上的主旨演讲《开放共创繁荣,创新引领未来》中强调,各国要顺应时代潮流,坚持开放共赢,并指出:"中国开放的大门不会关闭,只会越开越大。这是中国基于发展需要作出的战略抉择,也是在以实际行动推动经济全球化造福世界各国人民。"

当前,中国已经从引进国际先进设备、技术和管理,适应性融入国际产业分工体系的开放发展,逐步向率先突破"逆全球化"思潮的影响,引领全球化发展新趋势,共建开放型世界经济的开放发展转变。在这种背景下,上海要从引领带动中国开放发展的枢纽门户,转变为引领推动全球新一轮开放发展的枢纽门户,成为链接全球、融通全球、覆盖全球、影响全球的重要载体,成为全球化要素资源互联互通、融合集成的功能平台,成为统筹考虑和综合运用国际国内两个市场、国际国内两种资源、国际国内两类规则的重要通道,成为中国发展自己、造福世界的开放高地。

三、服务贸易兴起推动全球贸易结构不断重构

当前,全球化正发生着结构性改变,重心从传统货物贸易转向服务贸易领域,全球投资贸易规则也正发生着重构。

一是服务在全球价值链中扮演越来越重要的角色。服务贸易的增长不仅比贸易本身要快,而且服务创造的价值也在日益增加。

二是服务流和数据流在全球经济整合中发挥着越来越重要的作用。全球价值链正越来越变为知识密集型,价值创造正推动上游的产业转型,研发、设计、品牌、软件和知识产权(IP)等比重逐渐上升。

三是国际经贸规则正在加紧重构,新规则更多围绕服务贸易特别是数字贸易等新兴领域,强调环保、竞争中立、知识产权保护等原则。数字化技术和信息流正成为全球经济的纽带。数字平台、物流技术和数据处理的发展将会持续降低跨境贸易成本。技术带来的新产品和服务将会对贸易流产生巨大冲击。

四、全球供需格局变化成为重塑全球价值链的主要推动力

全球需求的贸易格局正越来越倾向于发展中国家。麦肯锡研究院预估,到2025 年,新兴市场将会占到汽车制造业、建筑业和领先的机器人制造业等全球

制造业消费的三分之二;到2030年,发展中国家将占到全球总消费的一半,这些国家对全球商品、服务、金融、人才和数据流动的参与将进一步加深;到2030年,中国将在全球城市消费中占到12%。

此外,全球产业链不断面临重组,产业集群促进市场"强链"形成。2020年以来,疫情对国际国内经济产生了巨大影响,尤其是全球产业链受到了巨大的冲击。未来全球产业链会在纵向分工上趋于缩短、横向分工上趋于区域化集聚两个方向演变。上海以及长三角地区的高质量发展,必须要重点打造一批空间上高度集聚、上下游紧密协同、供应链集约高效、规模从几千亿到上万亿的战略新兴产业链集群。

五、"一带一路"倡议引领开放合作新格局

对接服务"一带一路"倡议、长江经济带、长三角一体化等,积极打造"一带一路"倡议枢纽、经贸合作中心和重要引擎,不仅是促进全面开放新格局形成的战略依托,拓展国际发展空间、打造"国内大循环为主体、国内国际双循环相互促进"新发展格局的有效载体,而且是引领上海开放合作新格局、增强上海开放枢纽门户功能重要抓手。

第二节　新形势下增强上海对外开放枢纽功能的战略要求

一、"双循环"新发展格局对上海提出了新的要求

上海要积极依托进博会、新片区等平台,激发国内需求动力,加快构建完整的内需体系。面向国际市场和全球产业链、供应链,搭建开放式、协同化、网络化平台,形成基于创新链共享、供应链协同、数据链联动、产业链协作的融合发展模式。为我国经济可持续、高质量发展找到相匹配的内源型动力和外向型动力,为这两种动力的充分发挥提供有效的保障机制。

二、多维度增强上海在"双循环"中的战略链接功能

依托进博会、新片区等平台,打造上海国际国内要素流动的枢纽功能,不仅要强化上海对货物、服务出口的承载能力,更要强化上海对中国开放型经济的保障能力以及国际经济协调机制的配合能力。

上海要通过进博会、新片区等平台,提升对新一轮国际金融、贸易、投资的服

务能力,提高上海促进国际国内要素流动的枢纽服务功能,进一步发挥上海在全国建设更高水平开放型经济新体制中的重要窗口功能。

三、依托进博会、新片区等平台,积极寻找改革开放再出发的有效抓手

长期以来,作为中国的开放枢纽门户,上海通过引进外资和新技术、发展总部经济、促进国际分工等方式,实现了开放水平的长足进步。但是,与纽约、伦敦、东京等全球城市相比,上海在资源集聚能力、制度创新水平、营商环境打造等方面仍存在一定差距。

与此同时,上海也面临着全球价值链凸显、贸易保护主义升级、生产要素成本上升、国内环境变化、数字技术发展等特征的对外开放新格局。因此,面向未来,上海亟须寻找对外开放再出发的有效抓手,为切实提升城市能级和核心竞争力、更好地服务国家战略和代表国家参与全球竞争注入新动力。

四、对接国家发展战略,进行更大范围的制度创新和试验

中国(上海)自贸试验区运行以来,经历了2013年版总体方案、2015年版深改方案、2017年版全面深改方案等阶段。当前,不仅要总结上海自贸试验区的经验,更要依托进博会、新片区等平台为增强上海对外开放枢纽门户功能进行新的谋划。例如,上海自贸试验区首创外商投资准入负面清单,同时争取了2批54项扩人开放措施,但因面积较小、商务成本较高、市场规模有限、开放措施系统集成度不高等因素的制约,并不是所有的开放措施都有外资项目落地。因此,需要利用新片区进行更大范围的压力测试,进一步加大对先进制造业和服务业扩大开放的压力测试力度,并通过系统集成措施保障外资项目落地来获得有价值的压力测试结果。

五、发挥上海龙头作用,合力打造长三角一体化新格局

2018年11月5日,习近平总书记在首届中国国际进口博览会开幕式上致辞中"支持长三角一体化发展上升为国家战略。"这既是新时代推进改革开放的重大举措,也对长三角区域一体化发展提出了新要求。上海作为长三角世界级城市群的核心城市,着力打造国际经济、金融、贸易、航运和科技创新中心,应充分发挥龙头带动作用,以更开放的姿态、更包容的心态、更创新的举措,将加快自身发展和主动服务长三角一体化发展有机结合,按照国家战略部署和长三角一体化的时代要求,主动对接苏浙皖,联手打造一体化新格局。

将上海非核心功能疏解与长三角一体化有机结合,拓展发展新空间。同纽约、伦敦等全球城市一样,上海的"大城市病"问题也日益凸显,中心城区人口压力大,积淀了不少需要转移的中低端产业,非核心功能疏解的任务十分紧迫。上海应采用模块式疏解和分散式自主疏解相结合的方式,在临沪周边构建具有较强空间连续和功能联系的大都市次区域城镇群,与中心城区构成多中心网络化的大都市空间格局。

推动上海形成临港新片区、进博会和长三角一体化示范区的联动发展。一方面,通过临港新片区和进博会带动国际循环,以长三角一体化示范区为契机带动国内循环,对外与对内开放共同链接,塑造双循环的闭合回路。另一方面,推动上海成为双向开放的节点和跳板,扫除市场要素自由流动的各种障碍,打破行政区域间的阻隔,形成一个脱离行政色彩、脱离区域分割、脱离结构差异的开放型的一体化市场。

第二章　国际经验借鉴

第一节　国内外案例研究

一、国际城市对外开放发展的路径和经验

（一）伦敦

一是加强城市交通可达性。对外开放的前提是城市的可接触性强，而交通设施状况和费用高低是国际贸易的重要前提。一方面，完善、便捷的公共交通网络不断扩展，能够使空间形态发生改变；另一方面，交通系统的高度发展增加了交通优势，进一步放大城市的集聚和扩散效应。伦敦的地理位置具有天然的优越性，地处英国泰晤士河畔，距离泰晤士入海口 15 千米，位于英格兰巨大城市带之中。自 19 世纪 30 年代始，英国大力发展铁路，伦敦成为英国铁路网的枢纽。1863 年伦敦建成世界上第一条地铁，铁路网与国际港口业务相连接，进一步提升了伦敦的国际贸易中心和国际港口地位。

二是加强城市群功能分化和模块化。伦敦城市群由五大经济圈组成，即伦敦经济圈、伯明翰经济圈、利物浦经济圈、曼彻斯特经济圈和利兹经济圈。伦敦城市群在空间结构上包括四个模块：一是内伦敦，包括伦敦金融城及内城区的12 个区，是城市群的核心区；二是伦敦市或大伦敦地区；三是伦敦大都市区，属于伦敦城市群的内圈；四是伦敦城市群，即包括上述邻近大城市在内的大城市群，这是产业革命后英国主要的生产基地和经济核心区。在优化城市群空间组织的过程中，伦敦积极推进产品创新和科技进步，发展创意产业为主导产业，以此形成整个城市群的产业链，成为架构城市群空间组织模式的主体。

三是提高金融业开放程度。金融业的开放是外商和外资进入的必要条件，伦敦银行业、证券业、保险业的发展使其成为享誉全球的"金融首都"，这主要体现在以下几个方面：伦敦是全球最大的外汇交易中心，其交易量不仅远超世界上一般的城市，就连其他两个顶端型全球城市纽约和东京也无法望其项背；伦敦

是全球最大的外国股票交易中心,伦敦证券交易所是世界上最重要的证券交易中心之一,历史上伦敦最初的股票交易业务是在街头和咖啡馆里进行的,伦敦的皇家股票交易所于1773年正式营业,证券市场发展较早;伦敦是跨国银行机构最多的城市,直到第二次世界大战之前,英国基于其经济和金融实力以及资本追逐全球化利益的动力,一直都是世界上最大的资本输出国,向世界上其他国家和地区大量输送资本;伦敦的国际保险市场业务总量全球排名第一,伦敦国际保险业务历史也较长,17世纪伦敦就有了国际保险业务。

(二)纽约

一是持续推动信息网络建设。城市信息化和智能化能够加速各类要素的流通效率,也能让城市运行更加方便快捷。纽约被评选为"全球智慧城市",在城市智能化、数字信息化上付出了诸多努力。纽约市建立了一个基于城市社会运行数据的"生态系统",这其中既包括按邮政编码分区域的人口统计信息、犯罪记录等历史数据,也包括地铁公交系统在内的动态实时运行数据;既包括小区噪声指标、停车位信息、住房租售、旅游景点汇总等与公众生活密切相关的数据,也包括饭店卫生检查、注册公司基本信息等与商业密切相关的数据。建立智慧城市技术创新中心(SCiTI),启动"连通纽约市"("Link NYC")项目,打造数据驱动的城市运行状况智能分析平台。

二是大都市圈发展策略。为了解决城市在开放过程中不堪重负、难以可持续发展的问题,纽约选择了大都市圈的发展策略,明确都市圈内的城市职能和分工。纽约都市圈呈金字塔型的层级结构,顶层为纽约,涵盖了费城、波士顿、巴尔的摩和华盛顿四个较大的城市区域。纽约城市群五大城市区域结合各自特点,发展本地优势产业,错位发展,形成了"纽约(生产性服务业和国际事务协调功能)+华盛顿(政治和旅游功能)+波士顿(创新功能)+费城(文化和制造功能)+巴尔的摩(制造和旅游功能)"紧密联系、分工合作的多核心功能空间结构。

三是总部经济的带动效应。由于纽约独特的区位优势、完善的基础设施、便利的立体交通有利于跨国公司进行全球战略运营管理,跨国公司总部分纷进驻,从而推动了总部经济的快速发展。总部经济的发展改变了传统的经济运营模式,管理、生产、销售发生了形式上分离,但实质上连为一体,从而又推动了生产性服务业的快速发展。

(三)新加坡

一是高效、完备的法律体系。新加坡经济法规体系完整,《自由贸易区法》是新加坡自贸区运行的核心法律。它全面规定了自由贸易区的制度安排,包括定位、功能、管理体制、优惠制度、监管制度等多个方面,其中优惠制度主要涉及税收豁免、所得税和其他税收减免、投资、海关制度、劳工政策、土地制度等内容。新加坡政府不对企业进行常规的工商、卫生、环境保护等方面的行政管理,而由执法机构依据法律制度,对企业进行执法监督,并依法对违规者追究责任。目前,新加坡共签订了 80 项避免双重征税协定、40 项投资保证协定和 22 项自由贸易协定,广泛的贸易协定网络大幅降低了在新企业开展国际业务的税收负担。除《自由贸易区法》和《自由贸易区条例》之外,新加坡对涉自贸区事务不再另行立法。

二是营商环境优异。首先,新加坡港是世界上最繁忙的货运港口之一。新加坡实施特许国际航运计划和海事金融优惠计划,大幅减免航运企业和航运服务业的税费,汇集了以航运交易、船舶经纪、航运资讯、船舶维修和海事培训为基础的完整产业链,为开展国际贸易提供了良好的基础。其次,新加坡国际仲裁中心、国际商业法庭和国际调解中心在制度设计上高度对接国际规则和国际惯例。从服务成本上看,在世界商事争端解决的主要城市中,新加坡的费用几乎最低。最后,新加坡在报关、通关、监管三方面的效率很高。进出口货物所有人或其代理人只需填写和交验有关单证即可。港口每天有大约 9 000 辆拖车进进出出,每辆拖车必须在 25 秒内通关,通关手续全部实现自动化及无纸化。新加坡还拥有全球最高效的海关系统贸易网络,与进出口(包括转口)贸易有关的申请、申报、审核、许可、管制等全部手续均通过该系统进行,进出口商通过电脑终端 10 秒钟即可完成全部申报手续,10 分钟即可获得审批结果。新加坡通过“一站式”网络通关系统贸易网络连接海关、检验检疫、税务、军控、安全、经济发展局、企业发展局、农粮局等 35 个政府部门,与进口、出口(包括转口)贸易有关的申请、申报、审核、许可、管制等全部监管流程均通过该系统进行。

三是贸易自由化。新加坡突出经济外交,积极推进贸易投资自由化,并与新西兰、日本、欧洲自由贸易协会、澳大利亚、美国、中国、约旦、韩国、印度和巴拿马签署了双边自由贸易协定。新加坡还同新西兰、智利、文莱签署了首个地跨三个大洲的自贸协定,并与巴林、埃及、科威特和阿联酋就商签双边自贸协定达成共识。此外,新加坡、中国两国签署“经济合作和促进贸易与投资的谅解备忘录”,建立了两国经贸磋商机制。双方还签署了“促进和保护投资协定”“避免双重征税和防止漏税协定”“海运协定”“邮电和电信合作协议”“成立中新双方投资促进委员会协议”等多项经济合作协议。

四是高度奉行市场经济。新加坡市场经济的成熟度已经达到相当高的程度,投资和税收壁垒极低。如不实行金融管制;不设国家外汇管理局,不实行外汇管制;不设物价局,不实行物价管制;不实行发票管制;是世界上著名的自由港,不实行关税管制;不实行最低工资管制;公司所得税为全世界最低;等。

(四) 东京

一是注重人才引进。东京富有竞争力的薪资待遇,吸引人才,提高生产效率,促进产业升级,推动东京经济发展,形成了良性循环。东京经济高度发展,使城市内除生活娱乐业和食宿服务这两个行业外的其他行业薪资水平都高于日本平均水平。2017年,金融保险业、高端制造业、运输邮政业、建筑业和电热水工业五个行业,在东京湾区的平均薪资是日本全国平均薪资的1.5倍以上。

二是交通网络发达,促进城市间联动。东京湾区拥有发达的交通网络,包括完善的高速公路、密集的地铁轨道交通。高速公路方面,首都高速都心环状线、首都高速道路中央环状线、东京外围环状道路(外环)、首都圈中央联络公路(圈央道)四条环状道路和九条放射状道路组成了东京湾区高速公路网络。地铁轨道交通方面,包括东京地铁、近郊地铁以及市郊铁路等,总里程超过5 500千米。东京地铁基本以东京站为中心向外辐射,超过70%的线网位于山手线以内,主要解决核心区内人口聚集地区的人员流动需求。近郊地铁和市郊铁路,则主要是解决市中心和郊区之间的运输问题。

三是科技创新驱动发展。科技创新是东京湾区经济发展的共同特征,也是企业集群形成和发展的关键。政策指导"产学研"结合促进人才培养和产业成果转化,东京湾区内拥有多类型、多学科、多层次的大学集群,让高学历、高素质的高科技人才集中于东京湾区,为科技创新提供智力保障。东京湾区政府的教育投入稳定增长,在20世纪70年代到80年代增长最快,与日本从20世纪70年代开始向高新技术产业转型一致。同时,东京湾区还拥有仅次于硅谷的世界第二大高科技基地、日本科教中心筑波科学城。东京湾区内科技创新繁荣,不仅是因大学集群所带来的高素质人才,更和重视大学集群与产业集群之间的互动互促以及第三方研发经费大量投入有关。日本政府推出相关政策将许多最初属于部委的大学和研究所独立法人化,赋予了大学和科研机构更大的行政自主权力。日本重视研发投入,近10年研究经费占GDP的比重都维持在3.4%以上,远高于2018年中国的2.1%。科研主要力量集中在企业,企业研发经费每年约占日本研发经费的80%,一个主要的原因是企业更了解需求。从投向看,企业研发经费主要用于运输机械器械制造、医药和通信等行业上,和发展技术密集型产业的趋势一致。

四是重视区域协同发展，因地制宜制定城市规划。东京湾区的发展过程中，重视政府的引导和规划工作，基本规划确定湾区城市功能和发展方向，事务规划落实具体的部署。在建设之初，规划目标是将东京打造为日本经济高速增长的管理中枢，并在其周边开发若干卫星城，但"一极集中"的空间格局导致东京的城市空间规模急剧扩大，人口集聚度过高。1976 年《第三次首都圈基本规划》，首次提出建设核心城市，分散东京职能，最终形成了以东京为核心、多个副都心为支撑的"多核多圈域"的空间发展模式。20 世纪 90 年代后，在经济全球化、高度信息化和人口老龄化背景下，东京湾区的各核心城市在承担疏解东京都部分职能的同时，基本形成了具有鲜明地域特色的产业结构，快速向国际化城市建设方向迈进。

（五）迪拜

一是区位优势。迪拜位于中东地区的中央，是面向波斯湾的一片平坦的沙漠之地。迪拜的地理位置使得它很轻松成为中东，乃至欧业非大陆之间的交通枢纽，迅速成为世界航空业不可或缺的一分子，同时也开启了其旅游业的发展。在世界一流航空基础设施和成熟的港口网络的支持下，迪拜被视为通往非洲、欧洲市场的绝佳中转点。

二是立法先行，奠定体制机制基础。阿联酋先后通过两项联邦法令为迪拜建立自由区提供上位法的支持和保障，通过三项地方立法确立金融自由区具体的法律框架和司法体系。迪拜在法治建设上着眼于自由区的长远发展需求，突出顶层制度的前瞻性和可预见性，及时修法以有效应对因制度创新空间拓展而产生的法律困境。迪拜在自由区内取消股比限制，放松外汇管制，推行税收优惠，建立了多元化的争端解决机制并适用英美法规则。

三是制度、产品、服务持续创新。迪拜将制度创新和产业集聚相结合，提升高端资源要素的"流量密度"，将自带人流、资金流的旅游业和联动性较强的会展业作为发展流量经济的重要载体。创新产品和服务，增加"流量"和拓展市场"腹地"。积极发展服务贸易，特别是在旅游服务、教育服务和医疗服务领域打开新的增长空间。

四是错位发展，以支柱产业为引擎，形成新的经济增长极。首先，迪拜结合自身优势先后设立不同类型的自由区，通过良性融合互动形成规模效应、集聚效应和辐射效应，深度融入全球产业链、价值链。自由区在招商引资上唯其是否契合自由区的规划目标，是否符合迪拜政府提出的研发、创新和智能化转型的发展要求。政府为入驻企业提供全流程"保姆式"的高效服务。其次,延伸现代港航产业链,推动传统航运业提质升级。根据波罗的海航运交易所和新华社的国际航运中心发展指数的排名,迪拜被评为世界五大海运枢纽之一。杰贝阿里港建成后,成为全球十大最繁忙的货运港之一。凭借杰贝阿里港的运营经验,迪拜得以在全球经营 60 多个港口。港口的周围是免税区,区内的外资企业可以拥有 100% 的所有权,并可免交公司税和个人税。最后,阿联酋国民银行 2016 年发布的一份宏观策略报告称,迪拜是阿联酋、海湾合作委员会(GCC)乃至更广阔地区的"贸易中枢"。在世界一流航空基础设施和成熟的港口网络的支持下,企业普遍将阿联酋视为通往新兴和悠久市场的绝佳地点。

二、国内城市对外开放发展的路径和经验

(一) 香港

一是建设数据中心门户。香港是全球数据中心服务供应商最有利可图的市场之一,越来越多数据中心落户香港地区。据世界知名市场咨询机构 Frost & Sullivan 估计,亚太数据中心服务市场将在 2015—2022 年间以 14.7% 的复合年增长率(CAGR)增长,到 2022 年底达到 319.5 亿美元。中国、印度和印度尼西亚,因其新兴经济体的庞大数字需求和人口规模,成为亚太地区的关键增长动力。此外,IT 基础架构中不断增加的复杂性以及虚拟化和整合带来的成本限制,正在鼓励企业使用第三方数据中心服务。随着边缘计算和托管的普及,许多全球互联网提供商正计划进入亚太市场,香港是他们建立数据中心的首选之一。对于国际服务提供商来说,香港数据中心市场的意义是一个跳板,在进入中国大陆之前通常从香港开始。

二是良好的营商环境。首先,企业注册效率高。香港特区企业注册与登记手续简单快捷,企业注册只需要经过 3 个步骤就可以拿到公司执照。其次,企业注册条件宽松。香港特区法律对公司注册资本的金额没有任何限制,只需缴纳 0.1% 厘印税,并且不用验资,到位资金不限,公司成立后也可以任意地增加注册资本。香港鼓励企业实施企业所得税,当前香港企业所得税率为 7.5% 至 16.5%。最后,行业准入的开放度较高。在所有香港特区现行法律允许经营的商业活动中,理论上没有一个行业是完全禁止私人和外来投资者参与的,也没有控股比例限制,港内或港外的投资者都可以实现 100% 的控股。香港特区政府并无统一立法规定各合法行业的进入条件,但电讯、广播、交通、能源、酒制品销售、餐厅、医药和金融等多个行业,除商业登记外,都要向有关政府部门另外申请

相关行业的牌照。除银行和保险等少数行业以外,一般政府并没有硬性规定需申领牌照行业的进入条件。

三是国际贸易自由化。香港作为世界第七大贸易经济体,也是全球成衣、钟表、珠宝、玩具、游戏、电子和某些轻工业产品的主要出口地之一。2018年,香港货物贸易总额为11 384亿美元,其中货物出口(包括港产品出口和转口)为5 331亿美元,进口为6 053亿美元。服务贸易总额为1 959亿美元,其中服务输出为1 144亿美元,服务输入为815亿美元。这些都有赖于促进国际贸易自由的相关制度保障。如零关税政策,一般进口或出口货物均无须缴付任何关税。2019年开始,原产于香港的货物全面实行零关税出口内地政策。香港可使用任何货币进行贸易结算,对货币买卖和国际资金流动,包括外来投资者将股息或资金调回本国都无限制。国际航运自由,香港作为世界著名的自由港,运输工具进出不受海关限制。船只从海上进入或驶离港口时都无需向海关结关,进出或转运货物在港内装卸、转船和储存不受海关限制。此外,香港也没有海关、检验检疫、边防等部门对船舶和船员实施额外检查。同时香港结算方式多样,结算途径自由。

四是金融环境优异。首先,投资自由化。香港拥有开放的投资制度,对外来及本地投资者一视同仁,没有任何歧视措施。对其经营活动,政府既不干预,也无任何补贴政策,只要遵守香港的法律法规,便可投资从事任何行业。香港特区政府在2007年成立的投资促进署能够为本地企业与大陆企业在海外投资过程中相互合作提供帮助,包括提供信息、参加投资洽谈会等方面的公共服务。此外,香港凭借发达的金融系统和国际金融中心的优势,可以为企业提供各类融资渠道,具有很高的融资自由度。其次,金融自由化。香港实行自由汇兑制度,是亚洲地区唯一没有离岸业务和本地业务之分的“一体化中心”,其货币市场是全球最开放的市场之一,具体表现为投融资汇兑较为自由、资金跨境自由流动有保障。由于沿用了符合国际标准的会计准则,加上网络遍及全球的银行体系,令资金和资讯全面流动且不受限制,再配以先进完善的交易、结算及交收设施,香港可为国际投资者提供便利的融资和服务。然后,完善的金融监管制度。香港特区对金融业运作的监管主要通过专门法律条例和监管机构来进行,一般采取国际监管标准,把事前风险防范作为银行监管的核心。香港鼓励银行体系的竞争和产品创新,但须保持与银行体系稳定性目标一致。香港监管部门的监管自由度较高,一般不会受到政府的干预。同时,香港沿袭英国的做法,行业协会的作用非常突出,投资者保障机制比较完善。最后,资金跨境自由流动。香港资本账户是开放的,货币可以自由兑换,外汇可以自由进出。香港特区对货币买卖和国际资金流动,包括外来投资者将股息或资金调回本国,都无限制。香港在1973年和1974年先后取消了外汇和黄金管制,完全开放了外汇及黄金市场。无论实行何种汇率制度,香港本地资金和境外资金均可自由进出、自由流动,这大大促进了金融业的发展。

(二)海南

一是以便捷的口岸通关促进贸易流通——"零关税"政策。海南在实现有效监管的前提下,建设全岛封关运作的海关监管特殊区域。对货物贸易,实行以"零关税"为基本特征的自由化便利化制度安排。对服务贸易,实行以"既准入又准营"为基本特征的自由化便利化政策举措。这一系列举措有三大亮点,分别是"一线"放开、"二线"管住和岛内自由。"一线"放开指的是在海南自由贸易港与中华人民共和国关境外其他国家和地区之间设立"一线",制定海南自由贸易港进口征税商品目录,目录外货物进入自由贸易港免征进口关税。"二线"管住指的是在海南自由贸易港与中华人民共和国关境内的其他地区(以下简称内地)之间设立"二线",货物从海南自由贸易港进入内地,原则上按进口规定办理相关手续,照章征收关税和进口环节税。岛内自由指的是海关对海南自由贸易港内企业及机构实施低干预、高效能的精准监管,实现自由贸易港内企业自由生产经营。

二是以自由便利的投资环境促进市场主体增长——"非禁即入"。海南自由贸易港实行"非禁即入",即除非有强制性的标准和法律的禁止,原则上政府取消许可和审批,对企业实行备案制、承诺制,承诺符合条件就可以开展业务。政府的备案受理机构通过事中事后监管来履行监管义务,对于外商投资实行准入前国民待遇加自贸港专用的负面清单管理制度,在自贸区基础上进一步减少限制和禁止的条款。对于自贸港内注册的境内企业,支持企业通过境外发行股票的方式进行融资。另外,如果企业从事的是旅游业、现代服务业、高新技术产业等我们鼓励的领域,则在境外直接投资的收益可以免征企业所得税。海南省2020年上半年全省新增市场主体超过11万户,其中6月新增市场主体同比增长52.33%。两年来海南市场主体增加了44万余户,增长了66%。

三是海南国际旅游消费中心建设——"离岛免税"政策。2020年7月1日,海南正式实施离岛免税购物新政。离岛旅客每年每人免税购物额度为由3万元提升至10万元,不限次数;扩大免税商品种类,由38种增至45种,新增酒类、手机、平板电脑等7类消费者青睐商品;除化妆品、手机和酒类以外,其他免税品类不限购物件数。自 2011 年 4 月海南开始试行离岛旅客免税购物政策以来,总体运行情况良好,促进了海南国际旅游岛建设,带动了海南旅游消费及相关产业发展。据海关统计,截至 2019 年底,海南累计购物 1 631 万人次,免税销售额 538 亿元。此次政策调整将大幅改善消费者购物体验,释放政策红利,提升群众获得感,促进海南国际旅游消费中心建设,增强各界对海南自贸港建设的信心。

四是以开放人才政策打造人才聚集高地。根据海南自由贸易港发展需要,海南针对高端产业人才实行更加开放的人才和停居留政策,打造人才集聚高地。在有效防控涉外安全风险隐患的前提下,实行更加便利的出入境管理政策。首先,对外籍人员赴海南自由贸易港的工作许可实行负面清单管理,放宽外籍专业技术技能人员停居留政策。允许符合条件的境外人员担任海南自由贸易港内法定机构、事业单位、国有企业的法定代表人。实行宽松的商务人员临时出入境政策。其次,实现工作许可、签证与居留信息共享和联审联检。推进建立人才服务中心,提供工作就业、教育生活服务,保障其合法权益。最后,逐步实施更大范围适用免签入境政策,逐步延长免签停留时间。

(三) 广州

一是依托广交会,催化企业成长。国内外的企业与客商是广交会真正的主角。60 年来,很多中国企业借力广交会走向世界,很多外国客商也通过广交会把生意做到了中国。相关调研显示,每届广交会参展企业达 2.5 万家,超过 20% 的参展企业通过广交会结识客户达成的成交额占其全年出口额的比例接近五成。目前,中小企业已占据参展企业总数的八成以上,广交会成为中小企业腾飞的重要跳板。

二是发挥品牌效应,增强全球资源配置功能。广交会发挥龙头品牌效应,以"国际化、高端化、专业化"为目标,大力引进、培育市场需求容量大、集聚高端要素能力强的高端展会类型,增强广州乃至我国全球资源配置能力。广交会带动中国国际中小企业博览会、广州博览会、中国(广州)工业设计博览会等品牌展会发展,大力发展广州优势行业的品牌专业展会,着力汇集世界各具特色的国际专业展会,重点支持一批体现中国国家形象和广州城市地位、符合全球会展中心建设要求的国际化品牌专业展会。

三是创新营销模式,增强全球传播功能。广州围绕国家战略,创新招商模式、拓宽招商渠道、提供增值服务。由广州市政府联合中国对外贸易中心共同成立会展营销机构,构建遍布全球的会展营销网络,形成与国际接轨的高水平、专业化会展营销体系。为加强与国际权威机构间的联系,加大广交会与广州城市会展品牌的营销力度,率先在广交会引入 VR、AI 等先进技术,加强虚拟会展与实体会展的互动和配合,大力发展"网上会展""智慧会展""互联网＋会展""跨境电商"等新模式(如最新一届的"云上"广交会),力争将"营销触角"延伸到全球各个角落。

四是制度创新推动对外开放枢纽建设。首先,实行无纸化退税。广州市税务局全面实行"无纸化"退税,所有出口企业都可以通过电子税务局、国际贸易"单一窗口",进行"无纸化"出口退税申报,其他出口涉税事项也可以通过"非接触式"办理,让企业"多走网路""不走马路"。此外,广州市税务局积极推动跨境电商零售出口"无票免税"等政策落地,完善综试区综合服务平台免税功能,支持外贸综合服务企业代办退税等;探索离境退税便捷支付、即买即退等便利化措施,大力推广离境退税。其次,实行"线上＋线下"相结合的知识产权侵权纠纷投诉处理模式。广交会知识产权纠纷投诉处理接待站选派专业人员组成的专家团队,为"网上广交会"知识产权保护工作提供强大的专业指导和技术保障。在前移保护关口、开展风险排查方面,广州市市场监督管理局(知识产权局)将保护关口前移,组织各区市场监管局指导全市 600 余家参展企业开展知识产权风险排查,指导企业审慎上传展品图片、视频和其他信息。最后,营造良好的金融结算环境。"云上"广交会首次在网上平台开设金融服务专区,与中国银行、建设银行、工商银行等多家金融机构对接,推动金融业数字化转型。广交会金融服务专区将为参展企业定制专属金融产品,提供包括融资、跨境结算、出口保险和通关等全天候、全流程的精准金融服务,授信额度更高、结算费率更低、融资渠道更便捷,切实助力广交会参展企业拿订单、保市场、降成本。

(四)粤港澳大湾区

一是推动粤港澳大湾区金融一体化发展。首先,增强跨境金融服务。广东银保监局推动银行机构联动港澳,开展跨境双向贷款、跨境人民币结算、人民币双向资金池业务,满足大湾区日益增长的跨境交易和融资需求。推出粤港澳商事登记银政通、跨境办税等创新服务。其次,创新跨境保险安排。创新粤港澳三地车辆保险相互投保机制,实现"三地车险、一地购买"。在内地与香港、澳门关于建立更紧密经贸关系的安排(CEPA)协议框架下支持香港、澳门保险业在粤港澳大湾区内地设立保险售后服务中心,支持粤港澳大湾区内地与香港、澳门保险机构开展跨境人民币再保险业务。最后,优化湾区民生金融服务。支持开展"大湾区开户易"见证开立内地个人账户服务,截至 2019 年 10 月末深圳共开户70 798 户,珠海开户 4 453 户。辖内大型银行向在广东购房的港澳居民发放住房贷款 110 多亿元,保险业累计承保港澳居民人身险 30 多万人次,便利港澳居民更好融入湾区。

二是推动粤港澳大湾区交通基础设施互联互通。随着港珠澳跨海大桥的建成,粤港澳大湾区重大交通工程——深中通道海底隧道的第一节沉管顺利完成与人工岛的水下对接,大湾区城市间的内联外通将更加便捷;深圳机场三跑道批复建设,惠州机场航站楼、货运区和停机坪扩容工程开工;番海大桥、明珠湾大桥等多个跨江通道都在加紧建设;赣深、广汕高铁加快建设,广湛高铁开工建设,深茂铁路深江段、深惠城际等重点项目前期工作稳步开展;广珠城轨延长线珠海市区至珠海机场城际轨道也已通过验收,未来这条轻轨线路将与澳门轻轨无缝对接。加上已经通车的广深港高铁,港澳两地都将通过广东融入国家高铁网。

三是推动粤港澳大湾区国际科技创新中心建设。粤港澳大湾区国际科技创新中心"两廊""两点"建设框架逐步搭建,其中"两廊"是指广深港、广珠澳科技创新走廊,"两点"是指河套、横琴两点。广深港澳科创走廊已经成为推动粤港澳大湾区创新驱动的强劲"新引擎"。数据显示,粤港澳大湾区研发经费支出占 GDP 比重达 2.7%,处于国际一流水平。国家级高新技术企业总数超过 1.89 万家,有超过 40 万从事研发的科学家和工程师。《粤港澳大湾区协同创新发展报告(2019)》显示,2014—2018 年间粤港澳大湾区的发明专利总量由 103 610 件增加至 330 832 件,增长了 219.31%。

第二节　案例经验总结

一、利用展会和自贸区等平台引领全球潮流的风向标,打造具有国际影响力的贸易平台

当前,中国经济已由高速增长向高质量发展转变,这对展会和自贸区等平台提出了更高的要求。这些平台的活动必定是行业的风向标和晴雨表,因此必须深入到行业中,深刻践行"行业引领顾问"角色,才能起到促进行业转型升级的作用。展会和自贸区等平台可以通过组织行业高端论坛,聚焦行业热点,碰撞智慧火花,帮助行业把握发展趋势。其次,展会通过创新展区展品展示,联合参展商召开新品发布会,促进行业新鲜血液的注入,成为引领全球潮流的风向标。

大型展会和自贸区致力于构建一个世界级经贸平台,将来自世界各地的供

需双方集中于此,同时向国内外打开市场,尤为重要的是将国内大市场向国外企业开放。供需双方在展会和自贸区等平台上拥有多样化的自由选择权,"买全球、卖全球"将成为现实。进口市场大开发将在供给侧结构性改革和外来与本土持续竞争的过程中,在货物贸易与服务贸易、中间品与终端品等进口内容层面,在商品与服务的市场标准、贸易投资规则等方式方法层面全方位开拓创新,加快国内市场对接国际规则,走向一体化、品质化、一流化,进一步形成全球供需影响力这一国际竞争不可替代的独特优势。中国作为展会和自贸区等平台的主导者,将在国际市场上拥有更大话语权,而在国际贸易市场上,最重要的就是大宗商品定价权。利用展会和自贸区等平台整合"一带一路"沿线国家、东盟国家、亚洲地区国家对大宗商品的需求,将单一的中国需求变为以中国主导的区域性需求,增强中国在大宗商品需求端的影响力,打造具有国际影响力的贸易平台。

二、利用展会和自贸区等平台增强城市的要素集聚功能,提升现代服务业和先进制造业的附加值和竞争力

大型展会活动和自贸区都会促进人流、物流、资金流、信息流等各类要素在城市内的集聚。例如,展会活动会汇聚各类代理商,便于国内企业获取国际高端消费品领域买断经营权和总经销、总代理权,大力发展转口贸易和离岸贸易,使所在城市成为转口贸易基地。展会和自贸区均会成为高效集聚和传播全球创新要素资源的信息平台。这些平台往往会邀请来自国内外众多的政治、经济、文化领域的决策者、研究者、观察者和实践者,各种价值理念的交流碰撞、信息和技术的展示对于未来开辟增长动力、探索发展路径、制定行动方案都极具参考价值。

通过集聚大量客流、专业人才、参展商和服务理念等资源,积极承接产业溢出效应。展会和自贸区等平台作为暂时性和长期性集群的重要载体,在与周围第三产业环境、配套产品及服务的多维交互作用过程中塑造而形成可持续发展的系统集群效应,从而促进周边地区现代服务业的不断完善,提升现代服务业的供给水平和市场竞争力。

通过集聚大量技术和创新要素,积极推进制造业的升级和改造。展会和自贸区作为一个开放性的平台,汇聚了来自世界各地的先进技术,高密度集聚创新力量。展会和自贸区等平台可以大批量展示来自各国的先进技术,搭建全球高新技术交流平台,有助于提升"中国制造"国际竞争力,更有利于城市建立完善的

以企业为主体、市场为导向、产学研深度融合的技术创新体系,成为全球学术新思想、科学新发现、技术新发明以及产业新方向的重要策源地,从而培育一批组织化、专业化、市场化的科技服务机构,加快推动科技创新成果转化为现实生产力。进博会所带来的技术溢出效应,助推国内要素结构和需求结构的优化,促进国内产业结构调整,最终推动经济高质量增长。展会和自贸区由此成为拉动技术升级、提升先进制造业附加值和竞争力的重要推手。

三、利用展会和自贸区等平台创新制度体系,构筑更好更优的营商环境和市场环境

展会和自贸区是增强城市对外开放枢纽功能的一条重要途径,而其中制度创新成为展会发展和自贸区建设的重点。香港特别行政区虽然是传统的英美普通法系,但是也有《公司法》《证券条例》等成文法律体系,香港商事法律制度对内外资一视同仁,统一适用。香港国际仲裁中心(HKIAC)在国际上享有极高的公信力,是香港最核心的商事纠纷解决机构,可以公平快速地仲裁贸易争端、商事纠纷。新加坡作为英美普通法系国家,在公司法等商事法律制度领域也出台了不少成文法,对企业的监管主要侧重事中事后监管。新加坡对企业最低注册资本限制少,股东可以随时决定增加注册资本,只需填写《新加坡商业登记证》并缴纳一定注册费用即可。阿联酋作为传统大陆法系国家,为了将迪拜建成国际自由贸易港,修改宪法将迪拜划为"法律特区"允许迪拜采用普通法系模式审理民商事案件,且将英美判例法作为其适用的法律渊源。广交会在增强广州对外开放枢纽功能过程中也提出了一系列的创新制度。通过对国内国外展会和自贸区建设的经验梳理,可见一流的营商环境和市场环境是对外开放中的重要一环。

因此,应顺应国际贸易规则的新变化,以自由贸易区和大型展会为代表的对外开放枢纽门户区域趋向营造更加自由开放的制度环境和营商,塑造参与全球竞争的新优势。一是深化拓展贸易自由化制度安排。原来的政策主要包括针对货物贸易的境内关外政策(如关税豁免)、针对生产性企业较低的所得税和增值税政策等,目前的扶持政策向总部型企业、高端服务业、服务贸易活动等拓展。二是更加突出投资自由化制度安排。投资领域更加开放,相关限制减少(政府不需审批或审核,只要登记备案)。三是创新丰富金融自由化制度安排。中国香港、新加坡、纽约均体现了所在国家或地区的金融自由化,均无任何形式的外汇管制,外汇可自由兑换,资金可自由进出。

四、利用展会和自贸区等平台凸显开放枢纽功能和城市品牌形象,实现经济开放向经济社会文化协同开放转型

展会和自贸区的所在城市,城市品牌将与这些平台的发展紧密相连,如城市服务、城市购物、城市制造和城市文化等方面都成为社会民众和媒体关注的重点。要利用展会和自贸区打造优秀的城市品牌形象,让境内外更多的企业和民众了解城市的发展和特性。

展会和自贸区本身就是对外开放的重要窗口,其所在城市具有成为对外开放枢纽门户的优势条件。依托展会和自贸区加快城市对外开放势头,提升成效,深化贸易、金融、航运等经济领域开放,加速推进制度环境、社会、文化等非经济领域开放,实现经济开放向经济社会文化协同开放转型。在经济开放转向经济社会文化协同开放的过程中,一方面要持续推进经济开放由面上开放转向纵深开放,进一步优化市场经济开放环境,提升经济开放质量和效果;由注重引进项目转向以引进总部为主,大力发展总部经济;招商引资方式要由过去以工业为主转向以服务业为主,以单个企业为主转向以产业链招商为主,由生产性企业为主转向以功能总部型为主。另一方面,要积极营造国内社会文化开放的良好环境,依托展会和自贸区等平台,引进和建设以文化为主题的区域主体,加强文化的输出和内外的交流,打造城市对外开放的重要载体。

第三章　上海打造开放枢纽门户
功能的现状与成效

第一节　上海开放枢纽门户功能的
建设现状与成效

近年来,上海依托进博会、自贸区等平台,以制度创新为核心,构建面向全球的高水平开放格局,开放枢纽门户功能不断增强。上海政策高地优势将逐渐凸显,创新驱动不断提速,金融开放体系初步构建形成,基础设施逐步完善,大量集聚优质资本和先进服务贸易业,一些先行先试的创新业务已经落地。进博会、新片区的特殊经济功能和开放枢纽功能正在逐步强化,成为长三角打造具有全球影响力的世界级城市群的重要推动力。

一、高标准开放制度框架加速形成,开放枢纽门户功能不断强化

上海对照国际最高标准、最好水平,不断探索与国际惯例相衔接的开放型经济体制。从全国第一家保税区到第一家自由贸易试验区再到新片区,从第一块土地批租到第一份外商投资准入负面清单,从世博会到进口博览会,上海在投资贸易便利化自由化、金融开放创新、事中事后监管等方面取得了一系列先行先试重要成果,为我国全面深化改革和扩大开放探索了新途径、积累了新经验。

上海围绕强化开放枢纽门户功能,加快构建更高层次的开放型经济新体制,努力把"三大任务、一大平台"的重大机遇和制度创新红利转化为发展的强大动力和现实效益。例如,持续办好进博会,加快构建更高层次的开放型经济新体制;推动临港新片区投资自由、贸易自由、资金自由、运输自由、人员从业自由和信息快捷联通政策加快落地,实施具有国际竞争力的税收制度和全面风险管理制度;推进洋山特殊综合保税区建设,建设特殊经济功能区和现代化新城。

二、推进国际科创中心建设,创新策源能力不断提升

一是积极营造创新生态,激发创新主体活力,全面提升科技创新策源能力。上海面向世界科技前沿、面向国家重大需求、面向国民经济主战场,出台了《上海市推进科技创新中心建设条例》,体现了"最宽松的创新环境、最普惠公平的扶持政策、最有力的保障措施"的要求,为加快建设具有全球影响力的科技创新中心提供保障和支持。

二是积极推动上海充分利用开放程度高、产业门类齐全、科技创新中心和金融中心联动发展基础较好等优势,推进创新生态系统建设,厚植上海科技创新优势。上海注重创新载体的建设,发挥重要承载区、自贸试验区以及临港新片区、长三角生态绿色一体化发展示范区等区域的综合政策优势,扩大对内对外开放合作,推进大众创业、万众创新,推动全城全域创新。

三是强化高端产业引领功能,推进创新生态系统建设。积极推动科技创新中心和金融中心等联动发展,着力提升产业基础能力和产业链现代化水平,巩固提升实体经济能级。上海依托新片区等平台深化落实投资促进政策,大力培育集成电路、人工智能、生物医药、航空航天、智能制造、数字经济等新兴产业集群,着力发展新兴服务业、高端服务业、精细服务业、特色服务业。

三、强化高端产业引领,开放枢纽门户能级不断提升

一是强化高端产业引领功能,推动经济高质量发展,提升城市能级和核心竞争力。上海以人工智能、集成电路、生物医药产业为引领,通过落实三大产业"上海方案",逐步打造硬核科技、数字赋能、健康时尚、绿色生态四大高端产业集群,带动了上海新旧动能加快转换。上海同时打造张江创新药产业基地、临港新片区生物医药园区、奉贤东方美谷、金山原料药和制剂基地、松江生物制品与医疗器械基地等特色园区,生物医药制造业产业规模预计超过1 250亿元。

二是着力提升产业基础能力和产业链现代化水平,巩固提升实体经济能级。上海深化落实投资促进政策,切实加强招商引资工作;积极推动汽车、精品钢材、精细化工等产业提质升级;大力培育集成电路、人工智能、生物医药、航空航天、智能制造、数字经济等新兴产业集群;着力发展新兴服务业、高端服务业、精细服务业、特色服务业。

四、营商环境持续优化,面向全球企业的综合服务功能不断提升

一是优化营商环境,加快形成全面开放新格局。上海打造一流营商环境,推进政府自身的"放管服"改革,90%的审批事项实现"只跑一次、一次办成",99%的社区服务事项实现了全市通办。在全国率先开展"营改增"改革,减轻企业负担、激发市场微观主体活力和社会创造力。实施《外商投资法》,制定更具体的措施,积极推动和参与经济全球化、投资贸易自由化和便利化,加快构建开放型经济新体制。上海以一流的城市环境和一流的服务保障确保历届进博会圆满成功,进博会的溢出带动效应进一步放大。

二是富有吸引力的开放环境基本形成。针对世界银行报告关于营商环境评估的10项指标,投资者在上海开办企业、办理施工许可证、登记财产、获得电力等办事环节、办事时间、办事成本大幅度减少。上海不断完善法治环境,设立了上海金融法院、知识产权法院、自贸试验区仲裁院。探索将国际医院纳入社保,在上海创新创业的外国人数位居全国第一。

三是面向全球企业的综合服务功能不断提升。上海是全球金融要素市场最完备的城市之一,股票、期货、外汇、黄金等金融市场交易量位居世界前列,原油期货交易量位居全球第三。航空旅客年吞吐量突破一亿人次,位居全球城市第四。航空货邮吞吐量突破400万吨,位居全球第三。40年来上海港集装箱吞吐量增长了1 000多倍,近8年连续位居全球第一。

五、优化空间发展格局,做优做强长三角区域循环

一是充分发挥长三角省级人大协作交流等机制的作用,为推进长三角一体化发展国家战略提供有力的法治支撑和保障。上海设立科创板并试点注册制,在长三角地区不断优化协同创新能力,增强科技创新策源能力,形成协同创新的产业体系。

二是紧扣"一体化""高质量"这两大关键词,紧抓三个重点区域建设。第一个重点区域是长三角生态绿色一体化发展示范区,即在江苏苏州吴江、浙江嘉善和上海青浦建设生态绿色一体化发展示范区;第二个重点区域是上海自贸试验区新片区;第三个是虹桥商务区,打造虹桥国际开放枢纽、国际化的中央商务区和国际贸易中心的新平台。

三是长三角交通一体化向纵深迈进,助推上海国际航运中心从"基本建成"迈入"全面建成"。沪苏通铁路开通运营、上海机场联络线浦东段开工建设、浦东

综合交通枢纽专项规划获批,这些不仅有利于深入推进上海国际航运中心新一轮建设工作,夯实枢纽门户功能,强化国际航运竞争力,而且对强化上海亚太地区航空门户地位,落实长江三角洲区域一体化发展国家战略,提升临港新片区功能,具有重要作用。

第二节　进博会强化上海开放枢纽
门户功能的进展和成效

一、制度创新,进博会成为"双循环"的关键链接

进博会是中国在应对全球复杂经济形势下主动开放市场、以主动扩大进口战略推动贸易强国建设的重要活动。进博会迎来了不同国家和地区的参展商和投资者,给中国市场带来丰富的外国企业产品和服务。由于展览的时间集中,对海关通关效率以及商检安全保障的要求大大提高,该方面的制度创新对展品是否能够顺利展出尤为重要。

(一) 海关与商检举措,提升贸易便利化水平

在首届进博会,海关便提出 5 项通关便利化措施和 3 项创新性举措。这些举措大大提高了通关的效率,也促进相关的职能部门革新监管模式,从制度上保障了进博会通关智能化、数字化、便利化的实现。

上海海关设立了保障进博会的专门机构——上海会展中心海关,统筹国际会展监管资源,随时响应进博会需求。借助自贸区的经验,上海国家会展中心通过国际贸易"单一窗口"和"互联网＋海关"方式提前完成预参展商品信息的海关备案,采用"首次备案、分批提交清单"的通关方式办理进境手续,保证展览品集中进境参展时快速通关。同时,上海海关自主开发了跨境贸易管理大数据平台"进博会专窗",量身定做了智慧通关新平台,使海关监管数据与国际贸易"单一窗口"、国家会展中心数据及其他贸易数据全面对接,为参展商提供全流程申报服务,实现展品审批无纸化、申报自动化、通关便利化和监控全程化。新西兰纽仕兰公司的新鲜牛奶仅用 72 小时就从新西兰农场送到了中国消费者餐桌上,这离不开贸易便利化政策的实施。

在商检方面,为促成农畜产品参展,中国质检总局加强同参展国检疫准入谈判,对于《检验检疫限制清单》中有检疫准入要求的商品,提前进行风险评估,支持无疫情传播风险的农畜产品参展并实现对华贸易,扩大进口展览品种类。

（二）税款担保举措，减轻境外参展企业负担

为了减轻境外参展企业的负担，进博会对暂时进境展览品由上海国际会展中心统一提供税款总担保，减轻境外参展企业的负担。境外参展方可持上海国际会展中心出具的《进博会进境物资证明函》和《进博会进境物资清单》免于逐票向上海海关提交税款担保。

此外，进博会对展览的全流程中的展后商品处置提供了完善的支持。进博会期间暂时进境展览品，在展览结束后可结转至海关特殊监管区域和保税监管场所，海关准予核销结案。与此同时，上海海关延长了ATA单证册项下展览品暂时进境的期限，展览品暂时进境的有效期由目前的6个月延长至一年，充分满足了参展方进行商品展示的需求。

（三）金融服务举措，为参展主体提供全功能综合性解决方案

进博会迎来大规模的企业进展，金融服务方面同样要应对挑战。在金融服务方面，各银行和保险企业积极进行各项服务创新。例如，浦发银行连续两年发布《进博会综合金融服务方案》，根据参展交易主体的需求，推出数字跨境支付结算服务"浦发跨境通"，为境内采购商、境外参展商、参展个人提供境内外、本外币、全方位、一体化的全功能综合性金融解决方案。

工行与中国国际进口博览局签署合作框架协议，除支持包括新加坡元、俄罗斯卢布、泰国铢、菲律宾比索等23个外币币种的个人兑换业务外，工行依托网上银行、手机银行、电话银行等多元线上渠道，为参会人员提供包括个人汇款、理财增值、保险等在内的各类个人金融服务。

建设银行上海市分行宣布联手中国（上海）国际贸易"单一窗口"，针对大中型进出口企业首次推出大中型企业进口支付借款业务，服务进博会企业积极参与国际竞争，并且建行推出"进博贷"系列专属产品应对进口支付借款业务。

作为进博会的财产保险服务商，中国太保量身定制首届进博会保险服务贸易项目，围绕"提升通关便利化、优化营商环境"的创新要义和贸易全供应链风险管理的服务需求，设计了"主体多元、险种多样、保障多层"，总保额达350亿元的一揽子保险保障方案，荣膺上海金融创新奖一等奖。中国太保还为第二届进博会提供"产、寿、健"一站式的综合保险保障和一体化的风险管理服务，以责任、智慧、有温度的"太保服务"打造服务进博2.0模式。

（四）展现和推广自贸区制度，切实服务全球企业

自贸区"先行先试"制度创新得到推广，在进博会的举办全过程展示了我国对外开放的成果,我国主动创造开放发展的新机遇。在进博会举办期间,我国已落地的各项放宽市场准入等各项举措吸引了外国投资者的关注,并且在监管制度、审批制度、知识产权保护等方面的制度保障和便利化措施也切实服务了外资企业。我国在特定领域内如生物医药领域方面的政策支持和外资股比的放宽,让外国投资者看到中国市场的活力和潜力,吸引了更多外资企业进驻中国,提高了我国整体对外开放水平。

进博会的举办也有利于上海打造全球新品首发地,强化"上海购物"的城市名片,承接进博会的溢出效应。上海推出进口商品检验结果采信制度,在沪首发新品海外预先检测试点、新品"预归类"制度等一系列创新制度。同时,上海还制订了"全球新品首发""首店旗舰店落户"相关标准,加大对首发新品的商标维权保护力度,把符合条件的首发新品品牌列入"上海市重点商标保护名录"。越来越多的全球旗舰店出现在上海,越来越多的高端品牌、原创品牌集聚上海,激发出上海的商业活力,促进消费升级。

二、助力服务贸易,打造开放枢纽门户新引擎

以"服务进口,链接全球"为主题,第二届进博会优化调整展品结构,重点引进物流及供应咨询服务及文化授权服务,以此全面支撑货物贸易展区的贸易服务需求,与货物贸易展区形成互为展商与买家的生态链。

第二届进博会服务贸易展区设文化及旅游服务、金融及咨询服务、商贸物流及供应链服务、检验检测及认证服务、综合服务(建筑、设计等)五大板块,在丰富进博会内涵的同时,也为全球的服务贸易供给者和需求者搭建起沟通的桥梁。四大会计师事务所齐聚进博会,UPS、VALE淡水河谷、DHL、汇丰银行、SGS、万豪酒店、洲际酒店、皇家加勒比游轮等大量500强和龙头企业也积极参展。

第三届进博会服务贸易展区涉及金融、物流、咨询、物业管理、供应链管理、零售和文化旅游等领域,将聚焦"创新连接价值"的主题,重点展示前沿科技与尖端技术在服务行业的创新成果。其中,金融服务板块首次引入非银金融服务机构,包括供应链金融、金融投资、汇兑、征信、区块链金融科技等细分领域参展商,银行金融服务行业龙头企业继续参展。物流服务作为传统优势板块,围绕"一带一路与中欧班列"及"物流数字化",着力展示海运、空运、货代等领域龙头企业的国际运输应急解决方案及数字化创新方案。咨询服务、法律服务、检验检测服务及供应链管理等领域的专业机构提供国际贸易支持、国际仲裁、多国标准认证等

一站式解决方案,揭示未来办公、数字化转型、智慧企业管理的无限可能,助力企业把握时代发展机遇。

一是国际物流服务持续降本增效。物流服务商运用物联网、大数据和人工智能等技术,通过简化服务提供流程,提高企业所运产品竞争力,减少企业在供应链环节的困扰,协助将企业发展的重心回到渠道和产品提升本身。

二是"旅游+科技"推动生活方式变革。酒店、航空等传统服务业领域将触角延伸到制造业,推动产业不断融合。

三是"一带一路"倡议,助力企业"出海"。借助于全球客户的服务经验,服务贸易展区以"一带一路"资源为基础,提高资金的安全性、渠道的便利性,降低海外市场拓展的非关税壁垒,帮助企业"出海"。

四是数字赋能,智慧城市建设进入快车道。四大专业服务公司、全球顶尖赛事组织方、全球龙头建筑设计企业,借鉴全球近千个智慧城市项目的建设案例和经验,以智力支持助力中国智慧城市建设及发展。

五是进博会带来巨大的溢出效应,让跨国企业能够分享到更多中国市场的红利,让越来越多中国消费者能够更快捷、高效地共享来自全球的产品和服务。例如,专业服务是香港的强项,第二届进博会专门设置占地400多平方米的"香港服务业展馆",积极发挥香港企业在服务贸易领域的优势。香港冯氏集团用近360平方米的展台展示了其供应链一站式解决方案和未来智慧供应链发展趋势,旗下子公司利丰供应链还与招商局报税物流有限公司签署战略协议,双方以进博会为新起点,围绕全球供应链构建展开深度合作。

三、进博会助推上海积极融入全球体系

(一)进博会提升了居民心目中的上海城市形象,为上海融入全球金融体系提供社会支持

上海作为进博会的举办城市,城市品牌已与"进博会"紧密相连。我们整理了2018年11月1日至2019年11月23日间发表在《解放日报》和《文汇报》上的关于进博会的1 281篇新闻报道,采用文本分析法,通过词频统计、情感分析等方法,对上述新闻报道的内容进行分析。新闻报道的文本分析显示,"上海服务""上海制造""上海购物"和"上海文化"四大品牌建设受到了新闻媒体的普遍关注。同时,"安全""便利""包容"等词汇出现频次均较高,表明上海积极以一流的、有温度的"上海服务"保障进博会,展示开放、创新、包容的上海,让全球来宾能够体会到海纳百川、包容的上海。

图 3-1　进博会相关新闻报道的高频词

进博会增强了居民对城市的认同感,为上海进一步融入全球金融体系提供了社会环境基础。本地居民对城市发展的积极态度是建设投融资枢纽的重要支撑,世界著名大都市如纽约、香港和迪拜等,本地居民对城市投融资发展具备深度了解和高度信任等积极情绪,持续推动着城市向着更加开放和创新的投融资枢纽转变。第二届进博会期间,我们调查了 66 名上海本地参展者,发现超过96%的被访者认可进博会对上海城市形象提升的积极作用,约 84%的被访者表达了对上海举办进博会的自豪之情。进博会提升了本地居民的自豪感和荣誉感,提升了居民对城市发展的认可度,这些都为上海投融资发展提供了社会支持。

(二) 进博会为境内外投资者感知上海打开了一扇窗户,为上海投融资枢纽建设提供了重要的认知基础

进博会为境内外投资者感知上海打开了一扇窗户,为上海投融资枢纽建设提供了重要的认知基础。进博会作为我国与世界各国创新合作的重要平台,在世界范围内受到关注。进博会的成功举办彰显了上海的城市精神和城市形象,也为国内外投资者提供了认识和了解上海以及近距离接触中国的机会。作为进博会的举办城市,在国内投资者心目中,上海城市品牌已与"进博会"紧密相连。通过参加进博会,入境参展者对上海有了更加直观的认识。借助新闻报道和参展者的口碑传播,上海作为国际文化大都市的城市形象也会在更大范围内得到巩固和提升,为上海境外投融资发展提供了重要的认知基础。

通过对 2018 年 11 月 1 日至 2019 年 11 月 23 日间《解放日报》关于进博会新闻报道的文本分析显示,与形象相关的词汇包括"创新""安全""便利""特色""全球化""一体化"等出现频次较高(见图 3-2)。在《解放日报》关于进博会新闻报道文本中,大量形容词均与国家、上海城市形象有关,进博会的举办对于上海、长三角以及国家的形象提升均有正面积极的作用。

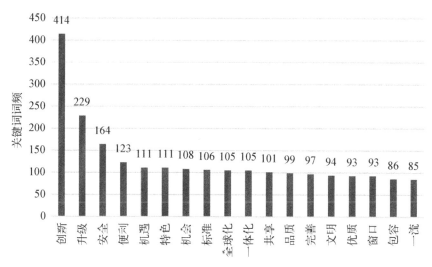

图 3 - 2 国家形象内容词频

在国家形象上,以"创新""安全""便利"为主要宣传点。在 2018 年 11 月 1 日至 2019 年 11 月 23 日间《解放日报》关于进博会新闻报道文本中,"创新"一词共出现 414 次,休现出创新对于中国的重要性。相关论述包括"中国正在依靠创新前进""中国创新也体现在方方面面,例如制度创新、科技创新、思路创新"等,进博会的举办在一定意义上也在倒逼中国不断创新。"安全"一词共出现 164 次,内容主要与进博会开展期间的安全保障以及社会和谐稳定相关,可以看出中国对于安全的重视度体现在食品、网络、通信等各个方面,并持续不断为进博会以及营商环境做好保障工作。"便利"一词共出现 123 次,相关表述包括"中国致力于推动经济全球化和投资贸易自由化、便利化""便利是通贸的灵魂"等,展示出便利对于通贸合作的重要性,同时也体现出为保障进博会顺利展开,政府、企业等多方面努力为贸易投资、交通、通关等便利化加码,为海外参展客商在中国做生意提供便利的服务及环境。

在上海城市形象上,进博会凸显了多元和深层的跨文化沟通和合作。关于上海形象的报道关注点主要有"国际大都市""魔都""卓越全球城市"等,相关表述主要有两个方面:其一是服务,在词频中"上海服务"出现频次最高,主要围绕"打响上海服务品牌""展示上海服务窗口的良好形象",进博会充当了"上海服务"的最好名片;其二是文化,进博会不仅是物流,更是文化流,其成功举办必将给文化层面带来极其深远的影响。"文化"一词词频为 148 次,相关表述有"海派文化""航运文化""石库门文化""中华文化""中国文化"等,展示出上海文化的丰富性以及文化自信的重要内涵(见图 3-3)。

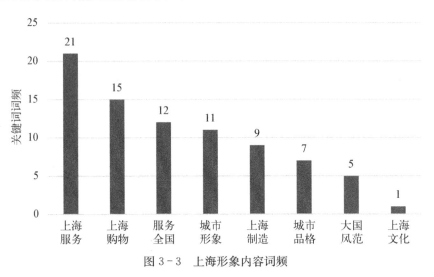

图 3-3　上海形象内容词频

(三) 进博会为中国企业提供了接触和了解其他文化的机会,培养国内企业跨境发展和交流的开放心态

借助进博会平台,各国获得了向中国市场展示商品、技术和服务的机会。进博会企业展涵盖装备、消费、食品、健康、服务五大板块、七个展区,为中国企业提供了多方位了解国外参展国家的机会。进博会国家馆更是为中国企业提供了认识各个国家风土人情和物产资源的直接渠道。

进博会上展出的各个国家的商品、技术和服务,传递积极友好的国家形象,成为中国企业家心目中各国文化和国家形象符号的一部分。接触和使用全球商品的过程,也是中国企业感知参展国家形象的过程以及认识和结交国外客商的重要渠道,使国内企业对不同国家文化间的交流互动和跨境业务发展持有开放的心态。国内企业对文化交流的开放心态是上海参与全球金融互动的宝贵支持。

四、进博会助推全球综合价值链形成

(一) 进博会为完善全球价值链提供"中国方案"

作为世界上首个以进口为主题的国家级展会,进博会在广交会等基础上,进一步展现的是中国开放不止步的决心,也用其杠杆效应撬动着国际贸易发展,并影响着全球价值链的变化。

从数据就能看出,"越办越好"的进博会正在释放着全球贸易的正能量:第二届进博会共有155个国家和地区、26个国际组织参加,来自全球各个国家的3 893家企业参加企业展。这不仅展现了全球贸易寒冬下进博会的魅力,佐证了中国依然是全球最具有吸引力的投资热土,也能实打实促进交流与合作,推动全球价值链、供应链更加完善,共同培育市场需求,共享发展机会。全球价值链的革新,正给世界各个国家、地区和企业带来大量新的发展机遇,并带动着全球化进程向前。而要让世界经济迈得更稳,让各个国家、地区收获更多的全球化利好,需要更多像进博会这样的大平台,需要更多国家、企业和人来"共同把全球市场的蛋糕做大、把全球共享的机制做实、把全球合作的方式做活"。

(二) 数字技术促进全球价值链扩展

我们正经历着前所未有的技术变革时代,与互联网有关的一切创新都可能产生重大影响。数字技术不仅对货物贸易有利,还促进服务贸易便利化、催生新的服务业态,如物联网、人工智能、3D打印和区块链可能深刻改变贸易模式、贸易主体和贸易对象。数字技术促进全球价值链扩展,将生产活动转移至发展中国家,区块链将促进小企业开展国际贸易,3D打印将通过降低准入门槛推动制造业发展。

从中国国际进口博览会现场来看,经销商和采购商聚焦新技术、新产品已经成为主流趋势。进博会企业商业展包括货物贸易和服务贸易两部分,呈现展览规模大、国别分布广、企业数量多质量优、新产品新技术多、展览展示水平高等突出特点。通过进博会这样的大平台,可以让世界各地的企业和民众了解新技术,并加速对新技术的应用和传播,推动进一步实现全球价值链的扩展。

(三) 惠民服务丰富,促进对内对外的双向文化传播

进博会期间,多种类型的文化活动在沪开展,不仅丰富了市民文化生活,还向境外参展国家和企业充分展示了上海文化。首届进博会期间,上海文化云平台推出"云上进口博览会上海城市文化服务"云节,包含艺术鉴赏视频、文化云票务福利、上海市博物馆名录、"1+16"美术馆市民共享计划、"美术馆连连看地铁打卡"五大板块。

2019年进博会国家展延展期间,"非物质文化遗产暨中华老字号"展示及互动体验活动也同期展出,汇聚了37项国家级和市级非遗项目、69个中华老字号和上海老字号。进博会举办契机下的这些惠民服务对增强居民生活的幸福感和满意感起到了积极作用,也促进了上海文化经由境外参展商的对外传播。

五、强大产业联动,区域辐射带动效应显现

进博会不仅要推进我国"对外开放",还要推进我国"对内开放"。进博会举办将成为真正意义上的"战略平台",加快建设联动长三角、服务全国、辐射亚太的进口商品集散地等均体现了进博会的溢出带动效应。

(一) 进博会成为虹桥商务区发展的引擎,带动了周边地区旅游和住宿供给

进博会促进虹桥商务区中国博览会会展综合体的形成和运作,会展经济的出现有效拉动关联产业,不仅有利于地区形象的提升,而且直接或间接提高了地区经济和社会效益。

一是,进博会明星展品进驻"虹桥品汇"等平台,吸引数万市民参观或购买商品。2019 年进博会国家馆延展期间,绿地全球商品贸易港吸引了 20 万人次和国内外专业采购商 310 余组,零售总额超过 600 万元,总采购订单金额为 2 000 万元。

二是,进博会吸聚的人流是上海酒店业发展的重要契机。国家会展中心周边的高星级酒店在进博会开始前的一个月就几乎全部订满,而距国家会展中心 10 千米范围内的酒店预订价格也都有所上涨。2019 年进博会期间,进博会接待酒店入住数 63.15 万间,较首届进博会期间酒店接待量增长了 8.48%,最高峰日入住 14.09 万间客房,同比增长 5.62%。世界 500 强公司、跨国公司、国内行业领军企业等入驻虹桥商务区,将带来新增住宿需求,推动大虹桥地区商务酒店和高星级酒店的投资。

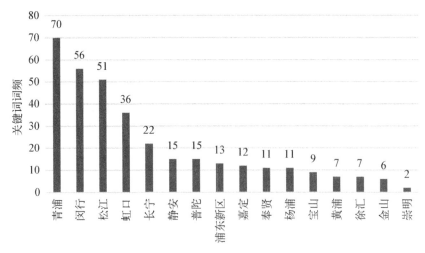

图 3-4 进博会新闻报道中出现的上海各区内容词频

三是,进博会为国内外体育类企业提供交流平台,促进了体育产业多元化发展。进博会上体育元素众多,运动器材、体育科技和体育用品行业的参展企业纷纷进驻进博会。第二届进博会还专门设立了冰雪体验区,吸引了大量参展者,同时也开设了冰雪体育专业对接专区,帮助中外企业围绕冰雪服装器材、冰雪体育服务、冰雪设备制造、冰雪旅游等开展洽谈以拓展市场,促进了冰雪运动在国内的普及和发展。

四是,以进博会为契机,上海各区努力展现更高水平的"上海服务",服务长三角、服务大局,惠及苏浙沪皖百姓,努力打造"世界会客厅"。虹口区积极探索建设集展览展示、采购交易、商贸服务、消费零售功能于一体的国别商品展示交易中心,为"上海购物"品牌提供有力支撑,也为上海都市旅游增添新的色彩。

(二) 推动长三角一体化战略持续提升,促进上海在长三角的定位由"领头"向"枢纽"转变

进博会新闻报道中,"区域"和"长三角"分别以 280 和 259 的频次位列高频词汇的第 22 和第 23 位。在具体语境中,"长三角"主要和"长三角一体化""长三角区域""长三角城市群"等短语有关,通过进博会这一国际平台,未来长三角的协作发展将越来越顺利,从而实现长三角更高质量的一体化发展。

进博会举办为长三角一体化发展提供了新的机遇,上海作为长三角地区的中心定位也在逐步转型,进一步激活了长三角地区的发展能量和潜能。为承接进博会的溢出效应,有关部门积极设立"6 天＋365 天"常年展示交易平台,扩大并延伸进博会效应。进博会展馆四叶草位于上海虹桥商务区,是连接长三角区域各城市的重要枢纽点。上海也将借助虹桥商务区的先天优势,全面承接进博会溢出效应,提升贸易便利化程度,助力长三角一体化实现更高质量发展。与此同时,G60 科创走廊联合上海、嘉兴、杭州、金华、苏州、湖州、宣城、芜湖、合肥 9 个城市,组建进博会采购商联盟,以期更高效地承接进博会的溢出效应,深化产业集群布局,为长三角一体化的更快更高质量发展注入动力。

(三) 带动长三角多行业融合联动

国内外采购商和专业观众在参观第二届进博会的同时,顺便到上海及周边城市去逛一逛,使得长三角区域迎来了旅游小高峰。

一是,来自全球各地的观众参会,直接带动了当地住宿需求的暴增。从同程艺龙的平台数据来看,以上海国家会展中心为圆心、步行 10—15 分钟可到为半径所覆盖酒店的预订量和搜索量出现显著上升,甚至周边中高端酒店的部分房型已经满房。

二是,为了让更多中外游客和市民走进上海的旅游景区,进博会期间国家会展中心周边不少景区如朱家角古镇、东方绿舟、广富林文化遗址、辰山植物园、锦江乐园等发布了门票优惠措施。部分景点甚至推出门票半票优惠活动,如辰山植物园平日 60 元门票在此期间只需 30 元,上海张马景区寻梦源·梦水乡景点门票从 80 元优惠到了 40 元。

三是,随着高铁网络的不断完善,人们的出行半径在不断扩大,极大地带动高铁沿线目的地的游客增长及旅游业的发展。除了在上海市休闲外,不少采购商和观众也会选择去周边的城市旅游。数据显示,进博会期间,从上海出发的"3 小时高铁圈"中,苏州、杭州、南京、黄山、合肥、南昌等旅游城市最受关注。

四是,进博会对文旅发展的溢出效应带动了长三角其他省市的文旅发展。进博会期间,杭州、苏州等地的酒店搜索量、预订量均出现了不同程度增长。进博会调休方案的出台有效刺激了上海市民进行郊区游和周边短途游。途家网数据显示,2018 年进博会期间,三分之二的上海游客选择了短途旅游线路,苏州、杭州、南京、无锡、舟山、嘉兴等长三角城市是热门旅游目的地,北京、成都和丽江等城市也受到上海市民喜爱,这些城市的民宿预订量比平时平均上涨了 50％以上。携程网数据显示,进博会期间上海周边游搜索量大幅上升,2—3 天适合家庭出游的产品和线路受到上海市民青睐。

第三节　新片区强化上海开放枢纽
门户功能的进展和成效

新片区积极对标国际高标准投资贸易规则,在投资自由、贸易自由、资金自由、运输自由、人员从业自由等方面不断发力。新片区紧密依托制度优势和政策高地,凸显服务经济的发展引擎功能、现代金融的资源配置功能、跨境贸易的中心枢纽功能、高端航运的综合服务功能、专业服务的赋能提效功能、城市配套的宜居宜业功能,致力于增强人才汇聚、要素集聚、资源配置、枢纽组织、平台服务作用,不断提升对内集聚度和对外辐射度。洋山特殊综合保税区对标国际公认、竞争力最强自由贸易园区,设置符合海关监管要求的卡口、围网、视频监控系统以及海关监管所需的其他设施,打造自由贸易新载体。

一、对标国际高标准投资贸易规则,不断增强对外开放枢纽门户功能

新片区政策在投资自由、贸易自由、资金自由、运输自由、人员从业自由等方面不断发力,形成了大量制度创新成果。我们搜集了截至 2020 年 7 月 10

日新片区在网站(https：//www.lgxc.gov.cn)上公布的政策文本，然后借助文本分析法，科学地评价、分析新片区政策内容焦点及着力点。政策文本分析显示(表3-1、图3-5)，临港新片区紧密依托制度优势和政策高地，因地制宜、因时而动、因势利导，在发展特色服务业上下功夫，做到"人无我有、人有我优、人优我特"。

表 3-1　临港新片区政策法规高频词及词频

标签词	词频	标签词	词频	标签词	词频	标签词	词频	标签词	词频
新片区	1 302	临港地区	509	平台	342	业务	243	推进	212
企业	1 130	产业	507	申请	317	规定	243	经济	209
项目	1 073	创新	486	认定	302	扶持	237	技术	206
支持	903	上海	450	制造	293	金融	237	集聚	203
临港新片区	740	资金	422	投资	292	科技	236	智能制造	199
发展	728	补贴	411	智能	280	提供	229	租赁	198
管理	652	机构	407	自由贸易	278	最高	225	开发	196
建设	579	给予	398	办法	258	中心	223	条件	181
人才	558	国际	392	奖励	255	自由贸易试验区临港新片区	219	跨境	179
服务	547	政策	344	自由贸易试验区	254	促进	215	鼓励	179

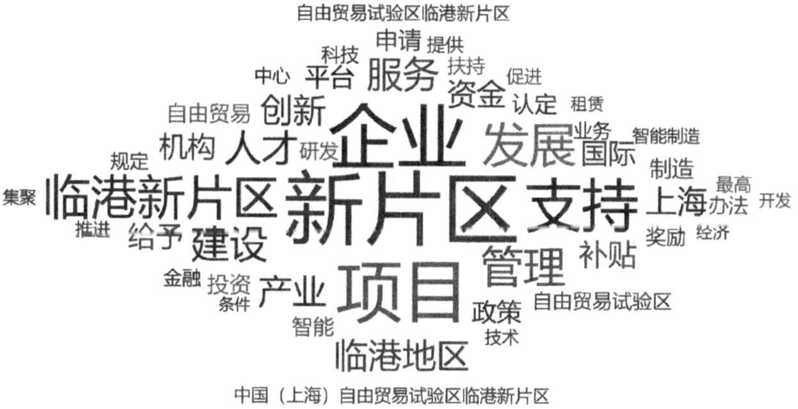

图 3-5　临港新片区政策法规高频词云

一是,凸显服务经济的发展引擎功能、现代金融的资源配置功能、跨境贸易的中心枢纽功能、高端航运的综合服务功能、专业服务的赋能提效功能、城市配套的宜居宜业功能。

二是,人才汇聚、要素集聚、资源配置、枢纽组织、平台服务作用显著增强,对内集聚度和对外辐射度进一步提升。

三是,持续做大做强做优建设特殊经济功能区、打造现代化新城、促进人民群众高品质生活的特色服务细分行业。

图3-6是根据政策文本绘制的分析高频词语义网络图。其中,重要的节点居中,周围环绕一层或多层子群。有关词汇距离中心节点越近,则与中心节点词汇联系越紧密。线条的疏密则代表了贡献频率的高低,线条越密,表明共现次数越多。如图3-6所示,临港新片区政策法规高频词语义网络图整体呈现出"核心—边缘"结构,大致可以区分出三个层次。通过分析样本的语义网络图的三个层次,能够更好地了解政策法规的侧重点。第一层为核心层,包括"新片区""平台""企业""服务""集聚""政策",这也是临港新片区政策法规的主要内容。第二层为次核心层,作为对核心层的拓展,由"上海""自由贸易""资金""技术""金融"等构成,主要是政策法规的侧重点。第三层为边缘层,包括"人才""补贴""中心""开发"等词汇。

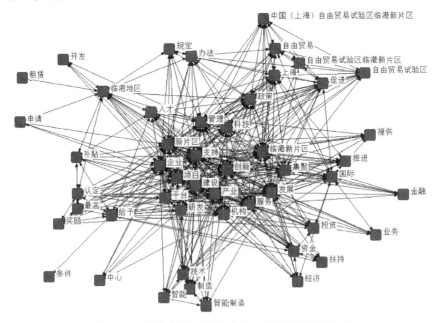

图3-6 临港新片区政策法规高频词语义网络图

二、推动高端要素聚集,不断增强上海资源配置功能

(一)积极推进金融业创新,打造高水平金融服务策源地

临港新片区积极推进"金融先行先试"政策,加快形成促进资金自由的金融开放创新体系,增强对于实体经济的服务支撑功能。中国人民银行、银保监会、证监会、国家外汇局、上海市政府联合发布"金融30条",赋予临港新片区金融先行先试权限,率先实行优质企业跨境人民币结算便利化、一次性外债登记、境内贸易融资资产跨境转让、高新技术企业跨境融资便利化额度、本外币合一跨境资金池等创新试点,外资、外贸企业开展跨境业务、离岸业务的便利化程度进一步提升,有利于进一步加快推进上海国际金融中心建设和长三角一体化发展,对引领全国高质量发展、加快现代化经济体系建设具有重大战略意义。

关于临港新片区的政策文本中,"金融"一词频率高达237次,与金融相关的词汇包括"金融机构""金融业""金融开放"等,体现出新片区主动服务上海国际金融中心建设、长三角一体化高质量发展等国家重大战略,更好地服务我国对外开放总体战略布局。政策文本同时也显示出,新片区对标国际上公认的竞争力最强的自由贸易园区,对标国际一流营商环境,加强与国际通行规则相衔接,聚集金融人才,率先推动金融业高水平开放,着眼于"国际金融中心"建设以及"科技金融"等新业态,建设高质量金融机构集聚地、高水平对外投资策源地和高层次金融人才汇集地。2019年下半年,包括国家开发银行、工商银行等16家金融机构集体"抢滩"临港新片区。2020年3月,临港新片区发布《临港新片区优质企业跨境人民币结算便利化方案(试行)》(以下简称方案),明确对新片区内符合条件的优质企业实行简化跨境人民币业务结算业务,实现更高水平的贸易投资便利化。根据方案,银行可以凭企业收付款指令,直接为区内企业办理货物贸易及服务贸易的跨境人民币结算,企业无需事前、逐笔提交真实性证明材料。

表3-2 临港新片区政策法规中金融业相关高频词及词频

标签词	词频	标签词	词频
金融	237	金融人才	10
金融机构	164	国际金融中心	10
金融业	29	上海国际金融中心	10
金融开放	12	科技金融	9

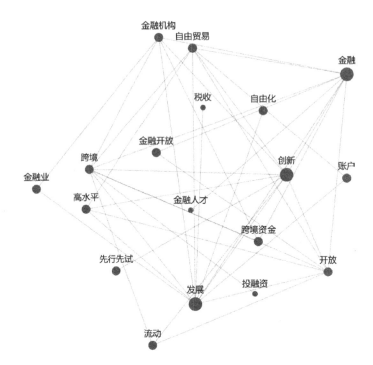

图 3-7 临港新片区政策法规中金融业相关词汇共现图

(二) 创新人才服务保障机制,不断增强人才集聚力度

新片区创新引才机制,实行更加积极、更加开放、更加有效的人才政策,为新片区集聚海内外人才提供坚强有力的保障,让各类人才在新片区各展其才、各尽其用,打造创新活力迸发的海内外人才高地。其中,在加大国内人才引进力度方面,主要包含特殊人才直接落户、居住证加分、缩短"居转户"年限等方面具体措施;在加强人才住房保障方面,主要包含购房政策制度调整、公租房、人才公寓等方面具体措施。此外,若干措施还包括促进海外人才引进、实施人才专项奖励、加大人才培养培育力度、集聚人力资源服务机构、优化人才服务环境等。

针对临港新片区政策法规中人才引进力度的文本分析可以发现,"人才"一词出现 558 次,相关表述包括"加大海外人才、外籍人才的引入""给予科研创新领军人才及团队办理工作许可'绿色通道'""加强人才住房保障""实施人才专项奖励""集聚人力资源服务机构""优化人才服务环境""大力强化人才保障""提高片区人才密度"等。

表 3-3　临港新片区政策法规中人才政策高频词及词频

标 签 词	词 频	标 签 词	词 频
人才	558	直接引进落户	6
落户	69	人才集聚	5
人才引进	37	特殊人才	5
毕业生	24	外国技能型人才	5
留学生	11	科研创新领军人才	5
境外人才	9	人才引进力度	3
人才发展	8	海外高层次人才	3

（三）推进信息化基础设施建设，强化数据要素配置能力

一是，以 5G 为代表的新基建正加速冲刺。《中国（上海）自由贸易试验区临港新片区通信基础设施专项规划（2020—2025）》提出，临港新片区要打造立足长三角、面向亚太、通达全球的国际通信枢纽和国际信息港。统筹推进 5G、光纤宽带、工业互联网、数据中心等基础设施建设，到 2025 年实现 5G 网络全域连续覆盖。

二是，积极研究探索国际互联网访问监管模式。以企业为单位开展白名单认证直接接入国际互联网活动，对不同类别的企业和互联网应用数据采用不同等级的管理措施，并加强事中事后监管，在安全的前提下促进数据跨境流动。

三、积极推进产业集聚，不断增强上海创新策源力

（一）全力推动产业集群形成，集聚高能级服务主体

新片区积极聚焦集成电路、新能源汽车、人工智能、生物医药、航空航天等重点产业，探索建立以产业链合作为导向的产业生态圈。培育若干个以新片区为中心、有能力在全国乃至世界范围内协同配置资源要素、协同组织生产销售的产业生态圈。

临港新片区政策法规政策主要针对战略性新兴产业、航空航天产业、生物医药产业、人工智能产业、集成电路产业、文化产业、金融业、服务业、高新产业和科技创新等产业，重点支持新一代信息技术、高端装备制造、智能网联汽车、新材料、新能源、节能环保等战略性新兴产业领域的重大项目，体现特殊经济功能区和开放型经济体系优势的新型国际贸易、跨境金融服务、高端航运服务、专业服务、信息服务、商文旅体、健康、会展等高端服务业，现代化新城城市功能配套关

键服务业,以及针对人才发展、产业发展、商业发展、智慧城市建设、平台管理、工业用地等的实施办法。

政策法规文本要求新片区加快促进产业集聚和能级提升,推进上海科技创新中心主体承载区建设,持续发力提高竞争力、附加值,常抓不懈提高知识密度、资金密度、人才密度,加快服务手段的高技术化、服务水平的高层次化,集聚高能级服务主体,大力发展总部经济、平台经济,培育一批具有国际竞争力的本地跨国服务业企业和知名服务品牌。坚持创新引领,着力打造世界级前沿产业集群,提升科技创新和产业融合能力,加快形成新动能,增强国际竞争新优势。

表3-4 临港新片区政策法规中产业类型高频词及词频

标 签 词	词 频	标 签 词	词 频
服务	547	金融业	29
金融	237	高新产业	19
文化	104	文化产业	19
服务业	94	四大产业	10

(二) 全力推动高新产业发展,不断提升科技创新策源能力

政府优先支持临港新片区重点发展的集成电路(61次)、人工智能(69次)、生物医药(46次)、航空航天(39次)四大产业领域重点项目和与之相关的配套服务项目,重点支持新一代信息技术(15次)、高端装备制造(16次)、智能网联汽车(12次)、新材料(11次)、新能源(34次)、节能环保(7次)等先进制造业和战略性新兴产业领域中重点项目和与之相关的配套服务项目。

上海市政府设立"上海市自主创新和高新技术产业发展重大项目专项资金"(简称"专项资金"),为规范自主创新和高新技术产业发展重大项目的组织实施和专项资金的管理制定相关管理办法,提高资金使用效率。

表3-5 临港新片区政策法规中高新产业相关高频词及词频

标 签 词	词 频	标 签 词	词 频
人工智能	69	配套服务	17
集成电路	61	制造业	17
科技"小巨人"	60	高端装备制造	16
5G	57	新一代信息技术	15

续　表

标　签　词	词　频	标　签　词	词　频
生物医药	46	智能网联汽车	12
航空航天	39	新材料	11
智能化	39	制造类	10
新能源	34	四大产业	10
专项支持资金	33	节能环保	7

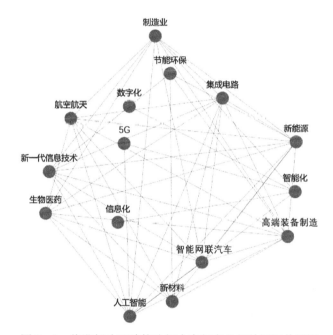

图 3-8　临港新片区政策法规中高新产业相关词汇共现图

(三) 大量项目落子新片区,不断形成高质量发展推动器

前沿科技产业、新型国际贸易、高能级航运服务和跨境金融服务等重点领域,正加紧提升产业集中度和显示度,形成以总部经济、智能经济、蓝色经济、离岸经济、创意经济和健康经济为代表的新片区经济形态。

临港新片区自 2019 年 8 月正式挂牌以来,高端资源要素加速集聚,截至 2020 年 7 月累计签约各类产业项目 358 个,涉及总投资 2 713.63 亿元,累计签约前沿产业项目约 120 个,涉及总投资超过 1 700 亿元。"中国芯""创新药""蓝天梦""未来车""数据港""智能造"产业集群,正在加快成长为浦东新区制造业高质量发展的推动器。

四、助推服务贸易发展,强化服务业开放水平

"服务"一词是临港新片区政策法规中产业类型中出现频率最高的词汇,高达547次。政策要求紧密依托临港新片区的制度优势和政策高地,因地制宜、因时而动、因势利导,在发展特色服务业上下功夫,努力打造"服务高地"。

新片区加快服务手段的高技术化、服务水平的高层次化,集聚高能级服务主体,大力发展总部经济、平台经济,培育一批具有国际竞争力的本地跨国服务企业和知名服务品牌,放宽现代服务业从业限制。

表3-6 临港新片区政策法规中服务业相关高频词及词频

标 签 词	词 频	标 签 词	词 频
服务	547	服务体系	11
服务业	94	服务水平	6
金融服务	53	服务品牌	5
专业服务	28	服务业企业	4
航运服务	23	服务经济	3
信息服务	16	贸易服务	2

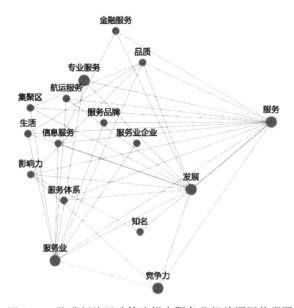

图3-9 临港新片区政策法规中服务业相关词汇共现图

五、不断优化提升营商环境,为企业发展提供制度保障

新片区不断深化营商环境改革,实施"一网通办"和单一综合窗口建设,进一步优化流程,提高办事效率。加大事中事后监管改革创新力度,建立以信用监管为支撑的事中分类评估、事后联动奖惩的监管制度,推动联合监管、动态监管。

(一)推动贸易便利化走向自由化,加快建设国际枢纽港

一是,新片区在探索实施投资贸易便利化的同时,更加聚焦投资贸易自由化,在投资经营便利、货物自由进出、资金流动便利、运输高度开放、人员自由执业、信息快捷联通等方面探索创新突破,并对标国际通行规则,探索更具竞争力的相关税制安排。

二是,重大改革举措优先在新片区试点,支持浦东新区的政策优先在新片区适用,符合发展方向的重大项目、研发平台、基础设施优先在新片区布局。特斯拉上海超级工厂是最早感受临港"政策从优"的企业之一,当年开工、当年投产、当年交付,2019 年在临港创造的"特斯拉速度"成为中国营商环境的一大标杆。2020 年 2 月,特斯拉又成为国内最早复工的车企之一,工厂产量迅速提升到3 000 辆/周。在特斯拉带动下,2020 年一季度上海的新能源汽车产值同比增长5.7%。新冠肺炎疫情下,国内出口及消费均受到不同程度影响,而上海自贸区临港新片区一季度"逆势上扬"。统计数据显示,2020 年一季度临港新片区固定

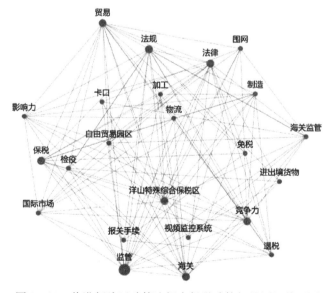

图 3-10　临港新片区政策法规中保税政策相关词汇共现图

资产投资完成 70 亿元,同比增长 20.5%。其中产业投资同比增长 318%。

(二)自由贸易新载体,打造高水平经济功能区

为打造更具国际市场影响力和竞争力的特殊经济功能区,发挥中国(上海)自由贸易试验区临港新片区的优势,洋山特殊综合保税区(16 次)对标国际公认、竞争力最强自由贸易园区,规范海关对洋山特殊综保区的管理。

经国务院批准,在临港新片区内设立具有物流、加工、制造、贸易等功能的海关特殊监管区域;洋山特殊综保区实行物理围网管理,设置符合海关监管要求的卡口、围网、视频监控系统以及海关监管所需的其他设施。

表 3－7　临港新片区政策法规中保税政策相关高频词及词频

标 签 词	词 频	标 签 词	词 频
监管	125	自由贸易园区	9
国际市场	39	退税	8
海关	32	物流	7
保税	21	进出境货物	7
洋山特殊综合保税区	16	加工	7
围网	10	检疫	6

(三)加强财政金融支持,积极服务自由贸易

一是,为进一步支持中国(上海)自由贸易试验区(以下简称试验区)建设,经

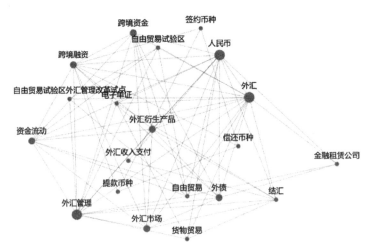

图 3-11　临港新片区政策法规中外汇、贸易相关词汇共现图

国家外汇管理局批准,试验区完善了一系列外汇管理、自由贸易政策。包括放宽货物贸易电子单证审核条件,允许在区内试点实施资本项目外汇收入支付便利化业务,放宽企业跨境融资签约币种、提款币种、偿还币种必须一致的要求等。

表3-8 临港新片区政策法规中外汇、贸易相关高频词及词频

标 签 词	词 频	标 签 词	词 频
自由贸易	278	资金流动	7
自由贸易试验区	254	外汇市场	6
外汇	65	结汇	6
人民币	49	偿还币种	6
外汇管理	35	外汇衍生产品	6
跨境资金	31	跨境融资	5
货物贸易	11	提款币种	5
外债	9	签约币种	4

二是,建立有利于产业和人才集聚的财税制度,按照"地方财力留用、市区专项扶持"的原则,加强财政资金支持。进一步拓展投融资渠道,发挥市场主体建设新片区的作用,为新片区发展提供有力支撑。

图3-12 临港新片区政策法规中财税金融词汇共现图

具体财税政策包括：成立新片区专项发展资金(14 次)；实施税收支持(3 次)；加大对新片区政府债券(2 次)发行的支持力度；对标国际标准，开展跨境金融业务(2 次)；加强跨境资金灵活使用；推进建设资金管理中心(10 次)；发挥银行信贷、保险资金以及融资担保基金等作用；扩大重点产业直接融资规模。

表 3-9　临港新片区政策法规中财税金融高频词及词频

标 签 词	词 频	标 签 词	词 频
专项发展资金	14	财税政策	2
资金管理中心	10	政府债券	2
金融政策	9	跨境金融业务	2
税收支持	3	担保基金	2

(四) 土地规划政策支持，促进资源要素高效率配置

政府以规划为引领，优化新片区空间格局，提高经济密度，促进资源要素高效率配置。政策主要针对完善资源性要素配置的市级统筹机制，提高新片区工业、研发用地容积率，鼓励土地节约集约混合利用，支持新片区内园区平台提升创新服务能力等相关措施展开。

表 3-10　临港新片区政策法规中土地规划高频词及词频

标 签 词	词 频	标 签 词	词 频
容积率	22	国土空间规划	2
资源要素	16	用地容积率	2
空间格局	3	资源性要素	1
经济密度	3	土地节约集约	1

(五) 法律服务，提供专业化司法保障

"司法"一词共出现 96 次。为深入贯彻落实中央关于增设中国(上海)自由贸易试验区临港新片区的决策部署，充分发挥审判职能作用，要求高标准高质量建设新片区、加快打造更具国际市场影响力和竞争力的特殊经济功能区提供优质法律服务和有力司法保障。

坚持以司法服务保障新片区建设为基本原则的主要措施有：加大产权司法保护(10 次)力度；充分发挥审判职能(6 次)作用，全力营造国际一流法治化营商环境(12 次)；提升审判(81 次)执行工作质效，支持新片区行政管理体制机制创

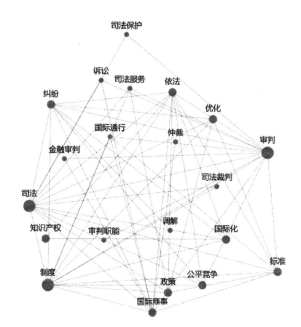

图 3 - 13　临港新片区政策法规中法律保障相关词汇共现图

新；发挥涉新片区审判示范引领作用等，为建设更具国际市场影响力和竞争力的特殊经济功能区提供优质法律服务和有力司法保障。

表 3 - 11　临港新片区政策法规中法律保障相关高频词及词频

标 签 词	词　频	标 签 词	词　频
司法	96	司法保护	10
审判	81	金融审判	8
依法	80	风险防控	7
国际商事	69	刑事	6
知识产权	62	司法裁判	6
仲裁	57	审判职能	6
纠纷	34	司法管辖	6
诉讼	20	合法权益	5
合法	12	一站式	4
司法服务	12	商事诉讼	4
调解	11	审判队伍	4
司法保护	10	审判人才	4

（六）积极优化宜居环境，助力推进智慧城市建设

持续推进信息化基础设施建设，强化数据要素配置能力。《中国（上海）自由贸易试验区临港新片区通信基础设施专项规划（2020—2025）》提出，要统筹推进5G、光纤宽带、工业互联网、数据中心等基础设施建设，到 2025 年实现 5G 网络全域连续覆盖。此外，积极研究探索国际互联网访问监管模式，在安全的前提下促进数据跨境流动。

"智慧城市"一词共出现 34 次，智慧城市建设要求提升政府行政职能、城市管理和社会民生服务等能力的信息化应用系统项目，包括但不限于智慧政务（6 次）、智慧交通（1 次）、智慧安防（1 次）、智慧民生（1 次）等。工商注册地、税收户管地、财政户管地和实际经营地在临港新片区的企业、民办非企业单位和社会团体申报的，促进新技术、新产品、新业态、新模式创新发展、新一代信息技术与各行业融合发展以及符合智慧城市建设导向的信息化应用系统项目，包括但不限于智慧金融、智慧物流、智慧能源、智慧水务等。

表 3-12　临港新片区政策法规中智慧城市建设相关高频词及词频

标　签　词	词　频	标　签　词	词　频
智慧城市	34	智慧政务	6
智慧交通	8	智慧安防	1

新片区鼓励"国际优质资本进入教育、医疗、养老、文化、体育、园区建设、城市运行等公共服务领域，加强各类基础设施建设管理，提升高品质国际化的城市服务功能，打造开放创新、智慧生态、产城融合、宜业宜居的现代化新城"。

六、携手长三角，促进人员、物流、资金、信息有序流动

根据《中国（上海）自由贸易试验区临港新片区总体方案》要求，上海临港新片区要主动服务和融入长三角一体化建设，在长三角新一轮对外开放进程中，加强与长三角协同创新发展，放大辐射带动效应，使长三角成为我国经济最具活力、开放程度最高、创新能力最强的区域。

支持境内外投资者在新片区设立联合创新专项资金，就重大科研项目开展合作，允许相关资金在长三角地区自由使用。支持境内投资者在境外发起的私募基金参与新片区创新型科技企业融资，凡符合条件的投资者可在长三角地区投资。支持新片区优势产业向长三角地区拓展形成产业集群。

第四章 进博会、新片区强化上海开放枢纽门户功能的不足与问题

第一节 进博会强化上海开放枢纽门户功能的不足与问题

一、进博会全球客源价值链有待进拓展，形成更为宽广的市场共享体系

（一）客源范围较为局限，对全球市场的溢出效应有待提升

进博会吸引的客源市场范围较为局限，主要以"一带一路"沿线国家和发展中国家为主，在第一世界和欧美发达国家中的影响力不够突出，这也制约了进博会对全球市场的溢出效应。

一是进博会对"一带一路"沿线国家的影响程度更高。从第一、第二届进博会主宾国的情况来看，第一届主宾国共12个，其中"一带一路"沿线国家有7个，超过一半。第二届主宾国共有15个，其中"一带一路"沿线国家有11个，超过70％。从进博会国家综合展的参展情况来看，64个参展国家中也有一半以上的国家是"一带一路"的沿线国家。

二是进博会对于发达国家的吸引力有待提升。第一届进博会12个主宾国中仅有加拿大、英国和德国三个发达国家；第二届进博会15个主宾国中仅有捷克、法国、希腊和意大利共4个发达国家。此外，在进博会国家综合展的参展国家中也表现出发展中国家占大多数、发达国家屈指可数的特征。

（二）活动策划存在失焦现象，全球供需匹配度尚需提升

一是海外企业需求得不到满足，参展意愿不高。一方面，外商对综合展的参展意愿不高。由于细分市场的观众更为专业，外商更为青睐于垂直细分领域的专业展，以获得更为精准的客户和信息。另一方面，进博会准入门槛高，制约了外商参

展热情。从参展的企业方面来看,对外商有较高准入要求,如要求企业、产品"双境外",但外商想要获取的长期享受通关便利等愿望普遍没有得到满足,需要与海关、保税区等部门实现联动,形成进博会参展企业监管、管理闭环。由于疫情的影响,进博会招展以国内为主,国外企业有强烈的参展需求,但入境参展受到影响。此外,检测成本制约了展品向商品的转化。由于奶粉等国内外产品标准的不一致,入境检测严、耗时长等导致有关展品的审批成本较高,审批时间较长。

二是"展品变商品"的环节有待完善,未能及时充分地满足国内市场需求。进博会参展有几十万商品,市民希望能享受红利购买价廉物美、有高附加值的高科技进口商品。但是,进博会只展不销,进博会后市场后续的同款商品依然不多。上海地处长三角,背靠中国大陆,市场需求和市场购买力绰绰有余。但是,目前进博会作为我国首个以进口为主题的国家级展会,仍然是以商品展示为主,其交易形式是以采购商下单、供应商接单的"B2B"模式为主,难以满足人民群众对国外商品的即时需求。尽管进博会意识到了这一问题并采取了相应的措施,如开通了"6天+365天"常年展示交易平台,并明确虹桥进口商品展示交易中心作为主平台。但是,进博会的延展功能及形式仍待进一步完善。从数量和规模上看,进驻虹桥进口商品中心的参展品牌不多,与实际参加进博会的品牌数量相距甚远。

三是上海各界围绕进博会策划的文旅活动与进博会参展人员的需求存在错位,未能有效起到促进中外文化交流作用。首先,大部分进博会参展人员在上海的停留时间较短,到访上海的主要目的是商务活动。在活动策划上,需要重点考虑半天以内的文化娱乐活动,帮助参展者在紧张繁忙的商务活动中得到释放。然而,目前面向市场推介的旅游主题线路以密集型的参观体验为主,缺乏短时、精致的文旅体验,尤其缺少在会展中心或住宿接待酒店周边的夜间文化和游览体验。其次,由于各省区展台分散在各个展馆或者走道,进博会参加者整体对非遗文化展区关注度偏低。虽然中央舞台连轴演出的来自世界各地和全国各省区精彩的文娱节目吸引了不少休息时间的观众驻足,然而调研结果显示观众(尤其来自外地或者外国的观众)更倾向于看到主办地特色的节目。释放进博会对文化的溢出效应,需要更加深刻地把握进博会人流需求,更加细致地策划能满足不同人群需求的文旅活动。

二、进博会平台价值链有待进一步延伸,形成鲜明的溢出效应

(一)国家馆延展体验单薄,商品交易功能较弱

国家馆虽然造型精美,特色突出,但商品交易功能较弱。第二届进博会期

间,我们进行的调查问卷结果显示,参加延展的观众约 85% 为上海居民,国内外参展观众的比例较低。国家馆延展期间,超过 50% 的工作人员已经提前回国,拍照成为游客参展的主要方式,一些游客甚至不清楚自己拍摄的是哪个国家的展馆。同期举办的"非物质文化遗产暨中华老字号"展也以静态展示为主,提供的人际互动和文化互动机会有限,观众从展览中或许可以得到新奇感,但较难切实体会到获得感,消费通道不够通畅。

上海居民为自己所在的城市举办进博会感到自豪和骄傲,去亲眼看见进博会风采的愿望强烈。参观国家馆延展是本地市民亲身参与进博会的重要途径,但目前的延展安排尚无法提供给参展者高价值的参展体验,也没有形成商品交易功能。

(二)展会后续效应不够明显,影响了进博会机制的应用

"6 天+365 天"常年展示交易平台是进博会为发挥溢出效应、为展商和观众的长期交流提供平台。在课题组调研问卷中有两道问题涉及展会后续"6 天+365 天"常年展示交易平台的问题。首先在"如已参加首届进博会,是否已入驻进博会'6 天+365 天'常年展示交易平台"这一问题中,我们看到在参加过首届进博会的企业中,只有 13% 的参展商入驻了"6 天+365 天"常年展示交易平台,87% 的参展商没有,而且在这 87% 的展商中很多展商表示并不了解这一交易平台。

与此同时,参与调研的参展商在对"展后我司将入驻进博会'6 天 | 365 天'常年展示交易平台"的打分仅为 3.65 分(满分 5 分,下同)。参展商在进博会结束后继续参与的意愿不强,众多展商依然只把重点放在展会期间,并没有意识到展会的后续溢出效应的好处。

三、进博会机制价值链有待进一步延伸,形成有效的体制机制体系

(一)进博会投资促进功能有待进一步加强

进博会的本质是为全国各地的供应商提供一个产品展示的平台,但其功能却不能仅仅局限于商品展示这一单一功能。2020 年 3 月,商务部指出要发挥好进博会等重大展会平台投资促进作用,支持地方、行业组织、贸促机构为企业提供必要的法律和信息服务等措施稳外资。但是,目前进博会的投资促进功能还不够完善,有待进一步加强。

(二)缺乏有效渠道,释放进博会溢出效应仍缺少关键一环

从消费层面来看,进博会的宣传和知名度的提升均能有效加深民众对于参展商品的好奇和购买欲望。然而,在形成购买欲望和达成交易现实的全过程中,

既缺乏全方位了解商品的有效渠道,又尚未完善参展商品买卖交易的重要环节。

参展商品面对大众消费者买卖交易环节的不够完善,也使得进博会的溢出效应受到制约。目前,大众消费者了解进博会参展商品的渠道主要有两种:一种是通过新闻媒体的报道,但是只能大致了解进博会参展商品的种类,信息有限;另一种是在进博会的公众开放日进行预约,从而可以进入展馆近距离的参观各类产品,更细致地了解产品功能等信息,但展馆容量有限,使得进博会参展商品对于普通大众的辐射有限。很多对进博会参展商品感兴趣的人,却因难以获得全面细致的商品信息而抑制了其购买行为。

(三) 人才发展环境亟须优化提升,高层次人才有待进一步聚集

一是,上海具有国际背景和视野的人才不足,熟悉国际经贸规则且具有强烈创新意识的顶尖人才严重短缺。深度调研访谈发现,外籍人士来沪工作签证办理手续较为复杂,工作许可证、签证等办理环节时间和信息衔接度不够,衔接不够流畅,大大增加了外籍人士来沪工作的程序成本。

二是,上海对人才生活环境塑造的关注度不够。由于语言障碍,外籍在沪工作人士社交问题普遍存在,对上海的归属感不强。对上海本地生活的融入不够,外籍人才多"像在自己国家生活",而不是"把自己当成上海人","像中国人一样生活"。此外,外籍人才在沪求职渠道较少,在沪工作的黏性不够。一些外籍技术人员,甚至由于语言、渠道问题,最后选择去马来西亚、新加坡等地工作。上述问题不仅不利于人才要素的导入,而且会拖慢新片区功能的建设进度和功能发挥。

(四) 信息基础设施有待加强建设,5G 优势未得到充分展现

进博会 5G 服务优势尚未得到充分展现。第二届进博会的一大亮点是 5G 服务的出现,但在调研中发现,一方面,参展商对 5G 服务并不敏感。调研中参展商对"现场 5G 服务优势明显"的打数仅为 3.54 分,许多参展商都表示对 5G 服务不了解,或者 5G 速度并不够快,服务优势并不明显。另一方面,参展观众也普遍对 5G 的感知较低,对"我感受到了 5G 技术为展会带来更多便利"这一项打分较低,仅有 3.47。在问及原因的时候,大部分参展观众表示并不了解 5G 技术或是没有真正体验到 5G 技术。

四、进博会保障价值链有待进一步延伸,形成有效的融合保障体系

(一) 进博会系列保障新机制覆盖范围不够

进博会是中国在应对全球复杂经济形势下主动开放市场、以主动扩大进口

战略推动贸易强国建设的重要活动。为了保障进博会的可持续发展以及激发进博会的贸易促进等功能,一系列的创新机制被提出。

如税款担保举措,能够有效减轻境外参展企业的负担;采用"首次备案、分批提交清单"的通关方式办理进境手续,能够保证展览品集中进境参展时快速通关;各银行和保险企业进行的各项服务创新,共同构建了良好的金融环境。尽管已有的创新机制数量不少,但是,对标纽约、东京等国际大都市,这些保障机制的覆盖范围仍有待进一步扩大。

(二) 企业对进博会有关政策的知晓度不够

国家及上海市针对进博会出台了许多的相关政策,但是许多企业对这些政策并不知晓。

造成这种结果的原因主要有两点:一是政策信息获取较难。进博会涉及贸易、金融、服务、海关等多部门多行业的政策,其政策发布渠道也不尽相同,这就加重了企业(尤其是境外企业)获取政策信息的困难程度;二是相关政策的宣传力度不足,针对性不强。目前了解到的政策宣传渠道一般是先由国家官方部门发布,然后会有部分媒体进行相关的大众化报道和宣传,宣传手段稍显单一。

另外,如何有针对性地宣传与企业息息相关的政策信息以及如何将这些信息有效传递到境内或者境外的企业中,是需要深思和解决的问题。

(三) 进博会有关政策信息衔接不够顺畅,政策的有效性、及时性有待强化

一是进博会相关政策信息的衔接不够顺畅,使得某些政策和制度在推进和落实时存在难度。例如,为了进一步促进贸易便利化和自由化,进博会相关政策文件中多次强调了高标准知识产权保护高地,但是上海在知识产权保护制度方面未紧跟社会发展的需要,制约了境外企业在中国的落户。上海应持续贯彻落实《外商投资法实施条例》,保护外资企业合法权益,提升知识产权海外维权能力,积极参与知识产权全球治理,构筑开放引领的知识产权公共服务平台。

二是进博会相关政策的有效性和及时性有待进一步强化。进博会的相关政策有很多,一部分对于加强进博会对上海对外开放枢纽门户建设具有较强的影响作用,也能够保障进博会的可持续发展;然而另一部则稍显鸡肋,对于进博会整体发展的促进作用并不明显。进博会相关政策的出台应更加聚焦于核心问题和紧急问题,提出更切实可行的解决办法,并选择合适的渠道有效地将政策信息及时地传递给所需企业和民众。

五、进博会区域价值链有待进一步延伸,形成有效的区域联动体系

(一)缺少统一规划,空间布局合理性有待提升

上海资源配给空间合理性不足,拥挤问题严重,交通便捷性需要提升。中心城区是各类资源空间布局的重点区域,资源集中度高,人口密度高。虹口、黄浦和静安三个区仅常住人口的密度就已接近或超过每平方千米3万人。相比于中心城区,进博会所在的青浦区的住宿、餐饮以及交通等资源供给不足,尤其是在进博会开展期间,各国境内外参展商集聚上海,青浦区内的商务中高端住宿供不应求。且随着大量客流的涌入,容易引发过分拥挤、交通堵塞等问题。

近年来,虽然上海市为了有效缓解进博会期间"住宿难、交通难和餐饮难"等问题,采取了一些有效措施,如提升酒店住宿的服务质量、开展车辆限行和加强对餐饮健康的监管等,但总体上进博会所在的青浦区,尚未围绕进博会形成资源配置合理、供需匹配的状态,制约了进博会效能的发挥。

(二)区域性产业联动不够充分,协同发展力度不够

上海作为长三角城市群的龙头城市,一方面要发挥核心城市的引领作用,另一方面要进一步加强与周边城市的联动发展,不断强化区域乃至国家在全球的竞争力。就目前来看,长三角区域的产业联动不够充分,存在诸多不尽如人意的地方。

一是上海对高端要素的支配能力不强,对区域的服务能力不足。上海在国际活动中"话语权"尚弱。在全球金融中心指数排名中,上海落后于纽约、伦敦、中国香港和新加坡,在国际贸易、金融和航运服务等方面的影响力、高端要素集聚能力有待提升。

二是社会领域信息化协同和融合发展水平较差。长三角地区信息基础设施建设和信息化应用的内部差异不断缩小,但在推动区域政务数据开放共享,形成社会民生、航运交通、城市安全等重要领域信息化应用全面对接方面亟待进一步提升水平。

三是上海作为"龙头"的辐射和扩散效应不足。上海的"龙头"作用,要体现在核心区域的扩散效应和辐射效应上。要依托进博会和新片区等平台,提升区域协调能力,"以点带面"形成高质量发展的重要助推力。

第二节　新片区强化上海开放枢纽门户功能的不足与问题

一、制度创新碎片化亟须打破,从而形成发展合力

一是新片区有关政策措施仅从主管工作层面提出,没有形成系统化、战略化的举措和措施。面临着改革创新碎片化、制度创新效果难以科学评估、政策难落地、针对性不强、各个部门协同性不够等问题,这些政策措施难以形成推进合力。

二是有关部门制度创新动力不足。调研发现,新片区制度受到不同部门的制约,不同部门创新的意愿不强,即使从事制度创新,也主要围绕那些碎片化的、非关键制度进行微调,没有去啃那些"难度大、意义大"的关键性制度创新,导致一些制度创新上形式多于实质,未能达到为国家实验、形成系统集成性制度创新经验的使命定位。

三是高标准经贸规则压力测试不充分。新片区开放试验和制度创新与高标准投资贸易规则仍有较大差距,表现为外商投资负面清单有待进一步完善,负面清单的开放度、透明度等方面都有待提高,高标准经贸规则的压力测试不充分。从跨太平洋伙伴关系协定(TPP 协定)看,其范围不仅涵盖了传统议题,还涉及竞争中立、知识产权、环境、劳工等边界内措施。新片区对最新议题特别是有关专业服务规则缺乏系统的跟踪和研判。

二、基于价值链视角的制度设计薄弱

随着全球经济一体化的深化,以产品分工为核心的全球价值链已成为当今国际分工的主导形态,企业的业务运作贯穿于全球价值链的各个环节。国际高水平自由贸易协定正反映了这一趋势,但新片区现有投资贸易等制度设计主要从价值链的单个环节出发,而非从价值链全链条优化的视角出发。这不仅不利于产业集群的形成,影响了产业链的形成,还制约了企业竞争力的提升。新片区作为我国新一轮改革开放的试验田,推进过程中仍然存在一些问题和薄弱环节,需要在更大程度上加大制度创新力度。

三、信息基础设施建设有待加强

相较于自贸区建立的背景,在互联网、大数据、云计算和人工智能发展的新时代,新片区更加强调信息基础设施以及高端技术产业的建设,更加关注国际数

据跨境流动的安全。在数据方面,临港新片区试点开展数据跨境流动的安全评估,建立数据保护能力认证、数据流通备份审查、跨境数据流通和交易风险评估等数据安全管理机制。

政策文本分析发现,新片区信息基础设施有关政策力度依然有待加强。此外,新片区信息化基础设施与服务水平尚不能够满足管理单位、企业等日益繁杂和迅速的实际需求,需要进行一次大改版升级,使之真正成为一个快捷、便捷、高效且功能强大的外贸大数据服务平台。

四、国际化人才环境有待进一步提升

一是上海具有国际背景和视野的人才不足,熟悉国际经贸规则且具有强烈创新意识的顶尖人才严重短缺。专业人才、骨干力量流动性较大,导致具有一定工作经验的执行型中层人才紧缺。

二是上海人才的社会保障存在诸多问题,如社会保险的缴费比例没有明确规定、就医难、子女入读公立学校难、配偶随行就业难等。从政策文本分析可以发现,新片区政策更多关注于主导业态及相关的服务业,但对高品质生活环境塑造的关注度不够,这不仅不利于人才要素的导入,而且会拖慢新片区功能的建设进度和功能发挥。针对政策法规中人才引进力度的深入分析发现,"人才"一词共出现 558 次,相关描述包括加大海外人才、外籍人才的引入,给予科研创新领军人才及团队办理工作许可"绿色通道",加强人才住房保障,实施人才专项奖励,集聚人力资源服务机构,优化人才服务环境,大力强化人才保障,提高片区人才密度等。但是,对人才的宜居环境的关注尚不够充分。

表 4-1　临港新片区政策法规中人才政策高频词及词频

标 签 词	词 频	标 签 词	词 频
人才	558	直接引进落户	6
落户	69	人才集聚	5
人才引进	37	特殊人才	5
毕业生	24	外国技能型人才	5
留学生	11	科研创新领军人才	5
境外人才	9	人才引进力度	3
人才发展	8	海外高层次人才	3

　　新片区政策法规要求支持临港新片区范围内影视、演艺、数字文化、艺术品、创意设计、出版、文化装备制造等文化产业发展,促进文化与旅游、体育、科技、商业、金融、贸易等产业的融合发展,打造具有国际市场影响力和竞争力的文化产业体系和市场体系。但从政策着力点比较来看,力度还是较为欠缺。

表4-2　临港新片区政策法规中文化产业相关高频词及词频

标签词	词频	标签词	词频	标签词	词频	标签词	词频
文化	104	出版	8	文旅活动	4	演艺链	1
文化产业	19	创意设计	6	演艺场馆	3	本土电竞品牌	1
艺术品	18	游戏	5	演艺产业	2	艺术品牌	1
影视	16	文化人才	5	数字文化	2	对外文化贸易	1
演艺	13	演出经纪机构	4	演艺空间	1	精品剧目	1
动漫	13	网络视听	4	演艺新业态	1	文化装备制造	1

第五章 进博会、新片区强化上海开放枢纽门户功能的总体思路和重大举措

第一节 总 体 思 路

随着全球经济的"再平衡"和全球价值链竞争的不断深化,上海要深度融入国家战略,依托进博会、新片区等平台,着眼于探索"国内大循环",深耕"国际国内双循环",着力"高质量发展、高品质生活",推进全方位、深层次、高水平的对外开放。形成上海发展"双轮驱动、两翼齐飞"的新战略空间,打造我国全方位开放新高地,服务"一带一路"、服务长三角和长江经济带的重要节点,强化上海开放枢纽门户功能。

依托进博会,推动更多的新产品、新技术、新服务在上海"全球首发、中国首展",打造西虹桥商圈,加快建设国际消费中心城市的重要载体,构建长三角一体化的重要载体,构造区域视角下进博会增强上海开放枢纽门户功能跃升的重要支撑。新片区要对标国际上公认的竞争力最强的自由贸易区,实施具有较强国际市场竞争力的开放政策和制度,强化全球产业链联动功能,打造更深层次、更宽领域、更大力度的全方位高水平开放的前沿载体,建设更具国际市场影响力和竞争力的特殊经济功能区。

一、发挥进博会、新片区资源集聚作用,强化生产要素配置功能

在资本要素方面,上海一方面应依托进博会市场优势,吸引更多跨国公司落户。抓住进博会世界 500 强和龙头企业云集的机遇,以坚持扩大内需特别是消费需求为前提,向全球开放国内市场,将吸引全球功能性机构集聚及开展全球资源配置业务作为扩大开放的重点领域,并鼓励跨国公司贸易型总部在沪设立资金管理、研发、结算平台,打造亚太区供应链管理中心、资金结算中心和研发中心。另一方面应依托新片区展现制度优势,提升产业链能级。在现代服务业领

域,积极开展压力测试,推动投资金融、工程设计、法律服务、国际运输等领域开放,提升专业服务的国际化水平。在先进制造业领域,向前端和后端实现全产业链的延伸,加快实施汽车、飞机、船舶等产业对外开放,发展高端绿色进口再制造和全球维修业务,提升高端制造业能级。

在人才要素方面,上海应根据进博会、新片区的发展战略创新人才评价体系,更多考虑用人单位的实际需求,建立长期、动态的人才跟踪机制。一方面应深化进博会的海内外人才集聚功能。通过设立论坛、开展主题活动等方式,为人才交流搭建桥梁纽带,并支持虹桥商务区引进高层次外籍人才、华人华侨专家型人才以及海外留学人员,或邀请海外专家以短期跨境项目合作方式提供智力服务。另一方面应深化新片区海内外人才一站式服务中心功能。放宽高端制造业、现代服务业的高端人才从业限制,争取海外人才服务事项在新片区内先试先行,通过加强重点产业、重大项目人才激励、完善住房、落户、教育、医疗等公共服务体制机制创新方式强化人才服务意识,更好地服务和凝聚全球优秀企业家,提升全球人才对上海文化和社会的认同感。

在信息要素方面,上海应挖掘进博会、新片区"实体—虚拟"平台的价值,形成全球资源整合优势。一方面应加强进博会线上线下展示交易平台建设,通过大数据、云计算、移动互联技术,加强供需对接,提升信息传递的准确性、针对性,从而有效深化交流互动、拆解合作壁垒,在更大范围内为科技金融、现代物流、教育、医疗等行业提供开放支持。另一方面依托新片区提升上海乃至中国在全球经济治理中的话语权和影响力,通过建立安全便利的国际互联网数据专用通道、试点开展数据跨境流动的安全评估等方式为世界各国组织建立起企业间市场,有效克服信息不对称障碍、降低交易成本等问题,实现国际互联网数据跨境安全有序流动,主动参与引领全球数字经济交流合作。

二、发挥进博会、新片区产业升级作用,强化全球产业链联动功能

充分发挥进博会与现代服务业的联动效应,助力"上海服务"对外开放。一方面利用进博会加大进口的契机,加强上海金融、法律、物流等现代服务业部门对进口业务以及相关贸易业务提供服务的力度,并在风险可控的前提下,提升专业化能力和附加值,形成一批国际化的知名服务品牌企业。另一方面聚焦5G、区块链等重点领域,与国内外优质服务业企业达成合作协议,充分发挥国内外企业在技术、品牌、客户及资源方面的优势,构建"线上＋线下"全方位的服务闭环,推动全球现代服务业转型和创新。

充分发挥新片区与先进制造业的联动效应,助力"上海制造"对外开放。一方面上海应利用新片区的制度与政策优势,加大对像特斯拉超级工厂等先进制造业企业的吸引力度,使上海逐步摆脱对全球产业链中从事低附加值生产加工的路径依赖,走向自主品牌培育、前沿技术创新、核心部件生产的产业链高端。并在创新的基础上实现生产功能向外转移,强化资源配置与服务功能,促进制造业服务化。另一方面上海应利用新片区的地理优势,依托海港、空港、信息港、金融港的联动优势,弱化对传统产业分类的路径依赖,促进高端制造业与现代服务业的产业融合,从而构建功能完善、环节高端、要素齐全、对接国际的产业集聚区。

以更为开放的市场竞争机制提升创新策源能力。一方面,发挥进博会的技术吸收功能。通过进博会所展示的新兴科技成果弥补国内企业科技创新的短板,倒逼本土企业提高产品科技含量和附加值,从而助推国内要素结构和需求结构的优化,加快创新能力转化。另一方面,发挥新片区的技术创新功能。以法治化、市场化手段保护知识产权,给予新片区内的中小企业减轻财税与运营负担,激发中小企业的创新活力;积极引导大型企业探索制定并形成自己的产品标准和体系,对供应链和价值链上的中小企业进行规范和指导,推动建设以龙头企业为核心的协同创新开放体系。

三、发挥进博会、新片区贸易枢纽作用,强化"双循环"战略连接功能

以进博会为节点优化"国内大循环"。中国有庞大的内需市场,上海又是重要的国际消费城市,因此在新一轮的开放周期中,上海应以进博会的平台实力为依托,一方面积极引导境外消费回流,提倡就近消费、放心消费、便利消费,加快推出消费新业态、新模式、新技术、新渠道,让消费者不出国门便可买到多样化的世界顶级商品,引导消费者对开放型经济形成获得感、认同感、依赖感。另一方面布局若干具有全球影响力的高能级专业型产品中心和国际消费品核心交易功能平台,确保各国家(地区)优质商品和服务顺畅地进入中国市场,有效克服入境消费吸纳力不足、大型消费类平台不足、本土强势消费品牌不足等突出瓶颈,在充分释放内需消费市场的巨大潜力的同时,建设具有世界影响力的国际消费中心,引领我国从全球化的受益者转变为全球化的贡献者。

以新片区为跳板加快"国际大循环"。由于新片区位于国内市场与国际市场的重要链接点上,上海应对标国际标准,按照服务贸易创新发展的要求,打造以

服务贸易为重点的对外开放新高地，由此形成上海的突出特点和独特优势。一方面加大出口力度，稳定企业预期。在维持龙头企业出口份额的基础上，通过自贸区、新片区等平台服务和带动中小企业进出口，加大政策性出口信用保险支持力度，完善对重点行业、重点企业和重点产品的监测机制，从而提高企业融入国际市场中的抗风险能力。另一方面拓宽出口领域，增强企业信心。上海应充分发挥自贸区、新片区等政策先行先试地区的优势，推动自由贸易协定扩大覆盖面，帮助企业用好优惠关税政策，推动形成更为广泛的多边合作关系，助力提高中国产品在国际竞争中的优势。

四、发挥进博会、新片区辐射外溢作用，强化区域合作引领功能

依托进博会、新片区的外溢功能，扩大对外开放"朋友圈"。一方面发挥新片区的制度优势，扩大与"一带一路"沿线国家和地区在港口、口岸通关等方面合作，加快制订质量溯源国际新规则，建设国际标准规则引领区。在会计、物流、航运服务、市场推广、专利授权等领域开展深入合作，增加与和全球节点城市间的直接经济联系，搭建国内企业"走出去"的对外交往平台。另一方面发挥进博会的平台优势，支持上海与世界重要城市、全球跨国公司和商会间建立起长效合作机制，通过提升多边市场透明度、精准传递双边需求信息等方式，不仅为全球合作伙伴找到更多的利益连接点和价值创新点，而且使欠发达地区国家也能参与到全球贸易中，最终促使进博会转变为国际贸易开放性合作平台和国际公共品，强化上海联结中外市场的重要信息枢纽地位。

依托进博会、新片区的辐射功能，探索区域开放新机制。一方面以新片区为核心，探索长三角高端制造业分工新机制。上海应在新片区建设的过程中，进一步加快上海港、宁波—舟山港、大小洋山港、苏州港、南通港之间的一体化整合，通过实行制度共享、渠道共享、信息共享等方式，形成规模化、低成本的合作网络格局，强化新基建、产业园区等方面的合作，在大型项目上下游、产业集群、生产服务、项目分包、监理等不同领域及环节合作中完善长三角现代制造业的产业链结构。另一方面以进博会为核心，探索长三角现代服务业协作新机制。上海应在加快进博会市场化转型的过程中，逐步打破各地交易团分隔壁垒，把对外合作的高度从单个地区、单个企业层面上升到跨区域政府、企业间合作的层面，由长三角各地政府牵头联合签订贸易合作协议，推动跨国公司根据地区间的比较优势开展合理布局，推动长三角本土产业链与全球产业链有机结合，全面提升长三角区域的整体现代服务业对外开放水平。

五、发挥进博会、新片区制度创新作用,强化营商环境示范功能

以新片区建设为契机,推动体制机制"先试先行"。一方面应依托新片区,在内外贸易、投融资、财政税务、金融创新、出入境等方面探索更加灵活的政策体系、监管模式和管理体制。争取实行免于惯常的海关监管,建立自由进出的货物出入境管理制度,实现货物区内自由流动。取消对区内生产经营活动的许可证管理,对企业经营活动实施最小化干预管理,允许区内企业自主开展货物仓储、加工、组装、维修、检测、展示、交易等业务。另一方面在新片区内对税制完善进行改革,提高公平性和竞争力。设计鼓励离岸业务和境外股权投资发展的税收制度,对离岸贸易和离岸金融业务实行低税率,并鼓励国内外企业通过事前沟通来规避事后税法适用上的不确定性,帮助其避免耗费不必要的税务争议救济成本。通过"先行先试"具有中国特色的自由贸易模式,使"换道运行"的新片区成为全球最智慧、最高效的自贸区,力争实现"市场准入最精简、风险防范最稳固、政务服务最便捷"的目标。

以进博会举办为契机,推动体制机制实践推广。一方面上海应在进博会期间加快"一网通办"工作的落地实践,通过打通数据壁垒,进一步聚焦提升"一网通办"的应用效能,全力推进个人主页和企业专属网页建设,精准推送事项、满足需求、做好服务,力争成为审批事项最少、速度最快的全球城市,给市场让位、为企业松绑。另一方面上海应在进博会期间实现新片区制度的应用推广,赋予虹桥商务区更大的改革自主权。在办事效率、市场准入、法制体系等方面开展对关键流程的梳理、关键岗位和职责优化设计,实现流程标准化、集成化、公开化,从而在长期内推动建设一个商品、要素自由流动的市场和优质商品及服务供应商集聚的平台,并加快形成公平开放、统一高效的市场环境。

第二节 重大举措

一、以扶持龙头企业为抓手,增强对外开放的市场活力

(一)提升总部经济密度

上海应抓住新片区的制度优势以及进博会世界500强的集聚机遇,将吸引全球功能性机构及开展全球资源配置业务作为扩大开放的重点领域。其中,临港新片区以吸引高端制造业企业为主,虹桥商务区以吸引现代服务业企业为主。与此同时,鼓励跨国公司贸易型总部在沪设立资金管理、研发、结算平台,打造亚

太区供应链管理中心、资金结算中心和研发中心。在高水平引进来的同时,更好地利用国际优质要素,带动国内高端要素培育,促进引资与引技、引智、引功能有效融合。

(二) 着力孵化"隐形冠军"

一方面上海应根据进博会举办的市场反馈情况,围绕虹桥商务区产业链、价值链、生态链,用足用好各项政策,如支持申请虹桥商务区专项资金,加强对其技术和服务创新的认定、对企业诉求进行清单式管理和协调等方式深耕细分行业专精特新企业,吸引成长爆发性强、技术和模式先进的独角兽企业落户上海,培育"隐形冠军"。另一方面上海应积极发挥新片区的创新引领效应,加快吸引国际知名孵化器、孵化团队和国际知名企业创新孵化中心入驻上海。同时结合国内外高校和研究院的技术水平,设立联合实验室共同资助技术合作项目,培育一批以企业为主体、市场为导向、产学研深度融合的创新产业集群,为加快创新成果转化提供政策支持。

(三) 完善"国内龙头企业总部疏解地"功能

上海打造对外开放枢纽门户也须依靠本土高端资源,因此上海应发挥进博会的市场吸引力和新片区的制度便利性,既要精心培育一批符合产业发展方向、关联带动力强、发展层次高的本土民营企业,也要争取中央的扶持政策,完善"企业总部主要疏解地"的功能,从而使上海不仅成为境外跨国公司的区域总部所在地,而且成为本土跨国公司总部的集聚地。

二、以引进优质项目为抓手,完善对外开放的产业链体系

(一) 抓住进博会机遇,开展精准招商

上海应联合有关机构,加强进博会数据的精准分析,重点针对需求量大、企业积极性高的"好项目",推动参展企业从参展商转变为贸易商,从贸易商转变为投资商,推进现代服务业开放创新先行先试,在商贸、金融、物流、旅游、文化等领域进一步扩大开放,建成一批产业联动发展的示范平台与示范项目,不断完善现代服务业产业链。

(二) 支持符合新片区政策导向、对新片区具有全局带动和重大引领作用的产业化项目建设

优先支持临港新片区重点发展的集成电路、新能源汽车、人工智能、生物医药、航空航天等产业领域重点项目和与之相关的配套服务项目,重点支持新一代信息技术、高端装备制造、智能网联汽车、新材料、新能源、节能环保等先进制造

业和战略性新兴产业领域中重点项目和与之相关的配套服务项目。

三、以建设高能级平台为抓手,创新对外开放的协作载体

(一)提升实体平台影响力

一方面以进博会为核心,打造全球高端对话平台。利用进博会期间大量国际企业家来沪机会,吸引相关500强企业董事会于进博会前后在沪开展活动,使每年的10月到11月成为世界知名的"城市会展月"。另一方面以新片区为核心,推动转口贸易和离岸贸易口岸基地建设。上海应利用新片区的制度优势率先探索服务贸易、离岸贸易、文化贸易等新型贸易功能。如建立离岸贸易商"白名单"制度、完善资金收付便利功能,从而进一步破除外汇管理、跨境资金使用等方面的瓶颈。支持跨国公司统筹在岸、离岸业务,有效弥补上海国际贸易中心发展的短板,极大地提升全球贸易枢纽功能。

(二)增强数字平台辐射力

一方面上海应以进博会为载体,联合阿里巴巴、京东等社会力量共同构建全球数字贸易平台。重点打造"随身进博会""电子商务港""营商数据库",与时俱进利用好网络的信息资源优势,打造"永不落幕"的进博会。推进智慧进博会,充分体现中国品牌会展、现代会展的特色。进一步加强数字平台的各项功能,包括交易、展示、互动、咨询等,特别在交易功能拓展方面可以加强点对点交易的撮合力度,发挥好已有的一站式交易平台的作用。并鼓励更多海内外中小企业加入进博会虚拟产业集群,通过改变进场方式、降低进入门槛使中小企业也能充分对接全球产业最新理念和技术。另一方面上海应以新片区为载体,探索创新制度模式,着力构建全球数字监管平台。通过整合以人流、商品流、金融流、信息流、科技流、文化流为代表的信息要素,围绕新片区数字围网的区域、性质、内容、功能,在法律规制、转口服务、税制安排、知识产权保护等方面,采取"境内关外"和"境内关内"并存的监管新模式,提高监管的科学性、靶向性和精准性,树立以创新和智慧破解管理难题的全球标杆。

四、以发挥市场潜能为抓手,培育对外开放的"双循环"动能

(一)充分发挥进博会与商旅文行业的联动效应,加快形成国内大循环

一方面要把握进博会举办期间及持续周期性举办的人流红利,挖掘来沪消费者的需求,整合上海各区文化和旅游资源,推广一批个性化都市旅游路线来满足高品质商客需求。可以根据游客的实际反馈情况,进一步着力融入上海特色

文化、提升旅游服务水平,在增强上海旅游核心竞争力的同时,向世界展现上海的文化风采。与此同时,进一步在大虹桥地区集聚一批具有全球影响力的顶级会展和活动,促进大型展会与大型活动、国际会议、节庆赛事互动融合,打造国际一流的会展与活动标杆区,引进一批具有国际竞争力的组展商、展览专业服务机构,培育一批专业化程度高的会展活动,带动消费增长。另一方面紧抓进博会开放契机,充分利用新片区便利化政策和优良营商环境,吸引全球知名品牌落户上海,鼓励本土商业企业通过进博会加强与国际商业企业合作,获取国际高端消费品买断经营权和总经销、总代理权,扩大上海在国际新兴品牌、小众品牌、时尚潮牌引入中的话语权和国内经营渠道优势,实现上海进口商品从品牌集聚优势向品类优势、价格优势、首发优势转化,引领全球购物风尚。

(二)充分利用新片区对外开放的制度红利,广泛参与国际大循环

上海要充分利用新片区探索创新驱动发展的制度安排,推动人才、资本、技术、知识的多要素联动,加强产学研、内外资、政社企的多主体协同,着力打造国际化循环、全球化配置的创新创业生态系统,不断提升新片区的功能、质量、效益。在营商环境方面,通过法制、税制和管制三大制度创新,大力提升贸易便利化水平,全面改善外资投资环境,完善对外投资事中事后监管体系建设,强化知识产权保护,打造开放层次更高、营商环境更优、辐射作用更强的开放新高地。在交通设施方面,将太仓港、南通港融入未来上海自贸港组合港建设方案,以多式联运为突破口,努力打造长三角全球领先的国际综合枢纽港口群。在产业项目方面,利用好长三角制造业集聚、集群化发展的基础,依托新片区特色的政策优势,强化产业协作和内引外联,共同打造以人工智能、集成电路、大数据为代表的世界级数字经济产业集群。在资本金融方面,支持境内外投资者在新片区设立联合创新专项资金,允许相关资金在长三角地区自由使用,实现金融资本、产业资本、创新科技与长三角比较优势的产业有效对接,提升科技成果转化效率。同时,鼓励长三角天使投资、风险投资、私募基金到"一带一路"沿线等国参与科技孵化器的投资,从海外引进风险投资的先进理念。

第六章　进博会、新片区强化上海开放枢纽门户功能的近期抓手和政策建议

第一节　近　期　抓　手

一、优化战略空间,构造开放枢纽的强力支撑

依托进博会、新片区等平台,强化上海开放枢纽门户功能,要深刻认识举办进博会的特殊重大意义。要加快打造虹桥国际开放枢纽功能平台,有效对接转化进博会溢出效应,服务新一代上海国际贸易中心功能打造。积极应对近年特殊形势,精心策划进博会新内容,积极探索办展新模式,努力打造服务新体验。把办好进博会融入扩大消费、促进投资的全过程,持续打造消费热点,以更大力度招商引资,精准开展产业链补链、固链、强链。

新片区要对标国际公认竞争力最强的自由贸易园区,做好高质量发展和城市建设两篇大文章。以开放探索为主线,以产业发展为基础,以新城建设为载体,以人才集聚为突破,构造多方参与、共建共享的大型"生态圈",打造特殊经济功能区"上海样本"。把新片区打造成为集聚国际优秀人才、全球协同的科技创新重要基地以及离岸业务的重要枢纽,持续赋能上海开放枢纽门户功能。强化重点服务业集聚区的示范引领作用,打造一批特色鲜明、业态高端、能级突出、功能集成的发展示范区,建设服务业开放创新的新高地,打造服务经济新的增长极。如以 105 区域为重要空间载体,打造跨境金融、新型国际贸易等现代服务业集聚区,持续提升全球资源要素的配置能力。以 103 国际创新协同区为重要空间载体,打造专业服务业集聚区,建设顶尖科学家社区等功能板块,与临港大学城联动,与临港前沿产业集群协同,重点集聚发展科技服务等现代服务业,提升科技创新策源能力。以洋山特殊综合保税区为重要空间载体,持续提高对国内国际人流、物流、价值流、信息流等资源的集聚和配置能力,提升拓展全球综合枢

纽港功能。

二、形成平台体系,提升产业集聚和资源集约水平

上海要探索产业平台建设管理新路径和新模式,把各类产业平台建设成为新片区新动能培育发展的引领区、开放型经济和体制机制创新的先行区,将以制造业、高新技术产业和生产性服务业为主体的区块基本建成功能布局合理、主导产业明晰、双创活力迸发、资源集约高效、产城深度融合、特色错位竞争的产业平台体系。

一是明确平台规划。编制完成进博会、新片区产业平台发展总体规划,确定一批承担全市战略性、支撑性产业发展的重点产业平台。对确定的重点产业平台,市级层面要进一步加强资源要素统筹,突出战略性、关键性导向。

二是构建平台梯度。构建"产业基地—产业园区—产业社区"的产业平台空间布局体系,着力推动建设一批产业基地,打造成为支撑全市战略性新兴产业和先进制造业发展的关键性平台。

三是开展平台"亩均效益"综合评价。把深化"亩均论英雄"改革作为推动产业平台转变发展方式、优化经济结构、转化增长动力的有力抓手,深入开展进博会、新片区等产业平台"亩均效益"综合评价。按照平台的不同功能定位,科学设定指标、分类开展评价。

四是强化产业平台联动开放发展。推动平台协调联动发展,组建产业平台联盟,构筑有利于大中小平台协调联动、技术溢出和产业转移效应发挥的良性闭环生态。提升平台开放发展能级,鼓励产业平台深度融入"一带一路"倡议和长江经济带、长三角一体化等国家战略,积极参与 G60 科创走廊产业园区联盟建设,加强全方面、各领域的对接合作。

三、持续放大进博会溢出带动效应,做国内、国际市场的发动机

(一)搭建国际采购平台

一是积极把握新机遇,探索办展新模式,为全球企业拓宽进入中国市场、开展国际合作的"航道"。上海要精心策划展会新内容,努力打造服务新体验,让全球参展商不仅能跨越千山万水相见洽商,也能"屏对屏、无缝隙"沟通、促成交易。把办好进博会融入扩大消费、促进投资的全过程,持续打造消费热点,以更大力度招商引资,精准开展产业链补链、固链、强链。把办好进博会融入提升能级、展示形象的各方面,构建"买全球、卖全球、惠全球"网络体系,进一步强化开放枢纽

门户功能。

二是充分利用历届采购商数据,加强精准推介邀请。分析往届成交、海关、信贷等数据,精准招商路演,扩大进博会主宾国覆盖面。将采购基地、产业园区、区域消费中心城市作为重点,充分发挥进博会的辐射功能。

三是延伸产业链,着重聚焦长三角区域企业,合力做大"外贸朋友圈"。联动华交会等国内其他大型会展,紧贴国际贸易热点,针对国内需求,谋求主动转型。延伸进博会的影响,帮助长三角地区企业育新机、开新局,为增强上海开放枢纽门户注入全新动能。

(二) 搭建贸易促进平台

聚焦展品变商品、采购商变贸易商、参展商变投资商、政策变制度和城市形象升级,持续放大进博会溢出带动效应。

一是搭建贸易促进平台,构建进口政策创新的试验田。虹桥进口商品中心应该进一步加强和完善线上交易模式,推动国内市场需求和国外企业供给的匹配度。积极落实、设计操作方案,使展商依托保税物流中心和品汇平台,实现保展互转,并以保税展示展销的模式和跨境电商模式方便地实现"展品变商品",真正实现线上、线下、保税仓联动,承接进博会溢出效应最大化。创新进口贸易模式,依托虹桥品汇 B 型保税仓,实现仓展销一体化模式,探索、优化、实现前店后库、店库合一的模式。

二是积极开拓"中转业务",实现业务创新。特别是在新冠肺炎疫情背景下,依托网易考拉、天猫国际、京东等大型企业,加快发展 B2B 跨境电商。在技术标准、业务流程、监管模式和信息化建设、综合税率优惠等方面积极探索创新,实行简化申报和便利通关,为商务、财政、税务、外汇等部门和地方政府配套支持措施提供支点。继续发展 C2C、B2C 业务。

三是积极打造全球商品进口集散地首发地。以打造"绿地全球商品贸易港"为核心,打造服务于贸易港的具有国际领先水平的,包含商务、金融、科技、大型国际会展、国际会议中心及酒店集群等多种业态的复合型智慧生态新城。利用已建成的上海进博会"6 天 + 365 天"常年展示交易平台——上海绿地全球商品贸易港所取得的成功经验,为该项目导入海外商品采销、国际贸易、物流仓储、商业零售运营等领域的成熟运营经验和丰富产业资源。

四是积极提升服务贸易水平,积极扩大和深化进博会展品与服务范围。当前,四大会计师事务所全部确认参展第三届进博会,积极借助进博会契机,设计针对性投融资服务优化模式,助力企业转型及金融风险管理。2020 年进博会共设服务贸易、汽车、技术装备、消费品、医疗器械及医药保健、食品及农产品六大展区,设立公共卫生防疫专区、智慧出行专区、节能环保专区和体育用品及赛事四大专区,消费品类占有较大的比重,防疫物资、康养、高科技产品突出。要积极扩大进博会展品范围,提升与进博会有关的保险、金融、结算等服务贸易比重,实现更大范围的开放。借鉴新片区的有关制度、做法创新,推动进博会相关的金融产品和服务创新。提供银行、保险一揽子金融服务,配合会展服务提供系统化整套参展服务包,为进博会参展企业提供更好的保障。将进博会相关会址打造成购物旅游专线,联合国展周围的进口商品交易区,以"购物+旅游"的形式,让更多经济实体参与到进博经济体系之中,满足企业与消费者双方的需求,更好地提升进博会的溢出效应。

(三) 搭建投资促进平台

一是进一步提升进博会的国际公共产品的属性,既可以促进贸易往来,也积极带动投资,增强上海在经济全球化中的地位和作用。

二是推动参展商变投资商,推动进博会参展商与本区域载体资源的有效对接,为外资进入中国、投资项目对接合作提供新平台。

三是积极酝酿投资促进活动,进一步提升外商投资活力。外商对中国国内文化、营商环境、政治环境和制度保障等方面的信息获取有限,需要依靠多种类型的投资促进活动来快速了解市场环境和需求,以便进一步做出投资决策。在第二届进博会展前及举办期间陆续举行 56 场投资促进活动,内容主要涵盖以国别特色的全球商品贸易展示交流、中国新兴产业投资机遇以及上海各区优势产业及投资推介等。基于进博会参展企业数量庞大、种类多样,投资促进活动要进一步考虑适量增加场次、丰富活动类型、加大宣传力度,以吸引更多进博会境外参展商参加。

(四) 搭建制度创新平台

一是整合资源,将进博会作为增强社会开放枢纽门户功能的重要切入点与着力点。以开放为核心,推进进博会各方资源、平台、制度一体化发展建设。在固化现有成功经验的基础上,进一步探索多维度的政策制度创新。

二是精心策划展会新内容,积极探索办展新模式,努力打造服务新体验。紧扣抗击疫情等热点,整合运用各方智力资源,更加灵活策划活动、办出特色。更加注重线上线下融合,结合探索云展览新模式,结合发展在线新经济,打响"线上进博会"新品牌,拓宽消费者对参展商品的信息收集渠道。在"6 天+365 天"常年展示交易平台的基础上,与国内电商平台合作,打破地域限制,进一步激发进博会对跨省跨区市场的带动效应和溢出效应。

三是突出精细化,用好政务服务"一网通办"和城市运行"一网统管",优化完善交通保障、内外宾接待、展会服务等,切实提高展商客商的体验度和感受度。

(五) 打造智慧会展平台

一是打响"线上进博会"新品牌,积极打造品牌智慧会展。积极打造品牌智慧会展,力求将"云上进博"打造成为引领全球的风向标、创新与科技带动会展品牌经营的倡导者、国内外企业市场拓展的助推器、城市形象和文化品位的承载体。紧扣抗击疫情等热点,结合在线新经济,注重线上线下融合,探索"云展览"新模式,优化进博服务水平。

二是打造中国乃至世界"云上会展产业生态圈"。一方面,借助阿里巴巴的技术力量,打造中国乃至世界"云上会展"品牌,为进博会全产业链企业提供一个线上免费开放的交流合作新平台。实现线上线下的合作、错位、互补,将中小客户引流到进博会,为中小企业参展提供更为方便和经济的参展途径和方式。鼓励更多海内外中小企业加入进博会虚拟产业集群,通过改变进场方式、降低进入门槛使中小企业也能充分对接全球产业最新理念和技术。另一方面,国家会展中心要携手行业先进技术,打造全球顶级智慧场馆,为客户提供符合实际需求的一站式智能化服务。

三是创新中国乃至世界"云上会展经济"模式,用进博会推动机场、会展中心、商业配套、产业园、高速、港口、海运等资源的互动与融合,将打造创新的会展产业链模式。一方面,以进博会为载体,联合阿里巴巴、京东等社会力量共同构建全球数字贸易平台。重点打造"随身进博会""电子商务港""营商数据库",与时俱进利用好网络的信息资源优势,打造"永不落幕"的进博会。另一方面,推进智慧进博会,充分体现中国品牌会展、现代会展的特色。进一步加强数字平台的各项功能,包括交易、展示、互动、咨询等,特别在交易功能拓展方面可以加强点对点交易的撮合力度,发挥好已有的一站式交易平台的作用。

四、突出全产业链思维,进行产业链招商和制度创新

上海要突出集成电路、新能源汽车、人工智能、生物医药、航空航天等重点产业,进一步增强要素集聚能力,最终探索建立以产业链合作为导向的产业生态圈。培育若干个以新片区为中心、有能力在全国乃至世界范围内协同配置资源要素、协同组织生产销售的产业生态圈。

(一) 实施全产业链培育工程

围绕集成电路、新能源汽车、人工智能、生物医药、航空航天等重点产业,加

快进行产业链招商,建设一批产业集群,推动关联产业、上下游配套企业和资源要素集聚,形成规模品牌和集聚效应。

一是支持全产业链发展和产业集群建设。逐步完善产业布局,形成环节全覆盖的产业链生态体系,逐步承担起"填补国家空白""解决卡脖子技术"的战略任务。支持引进和培育一批在国内外集成电路、新能源汽车、人工智能、生物医药、航空航天等产业占有一定市场份额的骨干企业和中小微企业,加速集聚基础研究、技术开发、产品研制、实验验证等配套机构和产业项目,形成产业集聚和协同发展效应,推动总装交付、生产配套、运营维护等全产业链发展。

二是聚焦重点产业链,以龙头企业带动上下游核心配套企业,实现以大带小、上下联动、内外贸协同。在固链、补链、强链上下功夫,梳理重点、优势、特色产业的产业链条、企业名单。掌握企业的核心政策诉求,完善响应机制,加强资金、用工、原材料、用能、物流、订单开发等方面的政策支持,落实落细相关政策。

三是积极构建大型"生态圈"。有步骤、分阶段建立比较成熟的投资贸易自由化、便利化制度体系,打造一批具有更高开放度的功能型平台,形成支撑整个区域经济的多功能架构,从产业、金融、贸易、航运、研发等多个维度着手,积极构建大型"生态圈",把产业创新、深度研发和高水准服务融为一体。

四是占据全球产业链、供应链制高点。所谓新型国际贸易,本质上是离岸贸易。这个政策含金量非常高,离岸贸易其实是和金融结合起来的总部经济。对上海来说,目标是吸引跨国公司将总部设在上海并进行全球供应链管理。上海要以新加坡为目标和榜样,发展全球货物、资金、人员的集散功能,增强上海的货物集运、资源配置、人员流动功能。吸引跨国公司将总部设在上海,实现"离岸贸易"订单流、货物流和资金流"三流"分离,强化上海在合同订单、资金收付、航运物流、保险、贸易融资等环节的支配和主导能力。

(二) 实施产业链企业"十百千"培育计划

一是增强市场主体的发展动力。依托特斯拉等一批龙头企业,创建十家以上重点(工程)实验室、工程(技术)研究中心和企业技术中心等平台,培育能够与国内外同行业领军企业竞争的重点产业链新型领军企业。引进一批具有国际影响力的国际企业,培育一批本土龙头企业,充分发挥龙头企业的市场引领作用,使上海成为全球要素资源配置中心和创新策源中心。

二是重视龙头企业发展,促进相关企业集聚发展,培育优势特色产业集群。加强创新链、产业链、资金链、人才链、政策链"五链"统筹,完善、整合战略性新兴产业集群政策、创新兴产业集群政策、先进制造业集群政策,形成政策支持的合力,提高产业集群政策绩效。

三是围绕突破一批核心基础性零部件、一批关键性基础材料、一批先进基础工艺、一批产业技术基础,建立高成长性企业筛选体系,培育百家高成长性的产业链配套企业。构建全链条的创新服务体系,着力培育千家产业链配套小微企业。

(三)实施产业链服务体系建设工程

一是积极与国内外有关高校、科研院所合作,组建创新研发联盟等载体,促进科技成果在新片区转化运用。大力发展研发设计、检验检测、技术转移、知识产权、科技金融等创新服务机构。支持发展一批新型研发机构,提高自主创新能力。

二是找准主体,推动特斯拉、积塔、新昇等一批"大项目"产能释放,加强产业精准招商,持续引进和培育高能级项目,为企业提供良好产业生态环境,着力构建具有国际市场影响力和竞争力的产业链、价值链、创新链,形成产业集群效应。

三是创新载体,打造更具竞争力主导产业集群。着力构建具有国际市场影响力和竞争力的产业链、价值链、创新链。依托智能新能源汽车产业链招商服务中心,整合相关服务资源,以全产业链招商与企业全生命周期服务为目标,实现精准招商、推动项目落地、促进产业链融合,打造千亿级智能新能源汽车产业集群。

(四)实施集群式项目聚集行动

一是促进产业集群发展。围绕集成电路、新能源汽车、人工智能、生物医药、航空航天等重点产业,按照布局合理、产业协同、资源节约、生态环保的要求,制定出台进博会和新片区的产业集群发展规划。形成一批国家级产业集群,打造一批更具竞争力和影响力的产业品牌。

二是强化重大项目储备。围绕首位产业和主攻产业,突出高端化、特色化、集群化。各开发区建立健全储备项目库、招商(签约、落地)项目库和招商目标客户资源库,形成项目从策划储备、招商洽谈到签约落地的全周期管理模式。例如,依托格科半导体、商汤科技新一代人工智能计算与赋能平台等项目,带动上下游企业发展,加快提升产业链整体能级;依托蓝湾进平新能源等项目,加快完善新能源汽车产业发展结构;依托新微化合物半导体、盛美半导体、德建聪和、臻格生物等项目,推动集成电路、生物医药等领域技术攻关和产业化发展。

五、推动开放平台提档升级,加快建设国际门户枢纽城市

实施开放平台提升行动,建设一批国内外知名、具有标志性和引领性的开放

平台,强化上海的开放枢纽门户功能。

(一) 做强做优战略平台

一是把握"特殊经济功能区""洋山特殊综合保税区"两个"特",加快提升对外开放水平。要在特殊的政策上见成效,结合空港加海港的区位优势,吸引更多的贸易企业、航运企业落户。为企业提供更加便捷高效的跨境金融服务、跨境运输服务、跨境贸易服务,在更多的创新业务上"提质增量"。在特殊的产业上布好局,在做好二期围网工程的基础上,进一步细化产业发展规划,加大招商引资力度,尽快形成洋山特殊综合保税区内的支柱产业,贡献特殊的经济增量。在特殊的市场要素上提供保障,推动资本、技术、人才等国际市场各类高端要素向临港新片区集聚并有序流动,加快引进各类资本和金融机构,提升服务实体经济发展的能力和专业化水准,进一步增强国际竞争力和影响力。

二是探索建立集成电路、新能源汽车、人工智能、航空航天、生物医药等重点产业功能区,不断增强新片区的辐射性。以制度创新为核心,开展首创性、差异化的改革探索,形成更多可复制、可推广的制度创新成果。要大力发展数字经济,抓好改革创新试点示范,优化管理体制机制,增强上海开放枢纽门户功能。

(二) 做特做活功能平台

推动海关特殊监管区域和口岸、物流枢纽聚合联动发展,做强加工制造、研发设计、物流分拨、跨境申商、融资租赁等"保税＋"新模式新业态,形成比较完备的国际贸易功能框架。

进一步创新口岸通关模式,加快智慧口岸建设,压缩通关时间,为各类商品进出打开"方便之门"。

(三) 做精做实活动平台

一是积极协调进博会、广交会、服贸会之间的关系。进博会侧重货物进口贸易,要优化进博会展品结构,增加服务贸易比重,与聚焦服务贸易的北京服贸会和侧重货物出口贸易的广州广交会相辅相成,推动形成以"北、上、广"为龙头的全国会展新格局。

二是复制进博会成功经验及模式到其他城市,增强进博会的溢出效应。一方面,依托进博会,联动华交会、服贸会、工博会、上海"一带一路名品展"等会展活动,加快国际会展城市建设步伐。推动进博会实现跨区域发展,甚至在合适的条件下开展巡展。例如,上海市国际展览有限公司与重庆市政府共同投资会展服务公司,成功举办"一带一路展名品展"。未来,可以联合中国国际美博会,到成都做好进博会的分站专题。在进博会产品化后,进而提升刺激消费水平。另一方面,推动进博会的模块化发展,形成多个细分市场的专业展,在细分市场保持持续热度。例如,打造摄影展、婚纱展、医疗展等更多面向B端客户的展会,突出其专业性,确保进博会品质,产生更针对性的经济价值。

三是切实丰富"6天+365天"常年展示交易平台的内涵。一方面,依托绿地全球商品贸易港等平台,打造进博会"6天+365天"常年展示交易平台。把有关会展活动办出更大特色、更高水平、更强影响力,并转化成实实在在的合作事项、产业项目,助力进博会辐射全国,更好发挥溢出带动效应。另一方面,积极扩大进博会延展范围。依托绿地集团等大企业,全面打造集展示交易、企业总部、智慧物流等功能的40万平方米产业主体平台和一个上千亿交易规模的线上贸易平台,积极增强进博会红利溢出效应。

四是与阿里巴巴、京东等国内电商平台合作,打破地域限制,进一步激发进博会对跨省跨区市场的带动效应和溢出效应。着重聚焦长三角区域企业,合力做大"外贸朋友圈"。紧贴国际贸易热点,针对国内需求,谋求主动转型。加速打造"一带一路"商务中心和商品展示交易中心,加深与"一带一路"沿线国家经贸往来。

(四) 做高做新园区平台

依托临港蓝湾等园区平台,瞄准关键领域,助力关键领域的技术攻关。完善新片区产业结构,带动产业链能级再提升。例如,商汤科技建设的新一代人工智能计算与赋能平台,融合了海量数据处理引擎和深度学习训练框架等基础设施,将为整个产业链上的企业提供技术支撑。依托临港检验检测产业园、智慧工业物联网产业园、智能装备产业园、航天装备产业园等项目,进一步提供专业化的产业集聚发展空间和公共服务平台。

深化园区管理体制改革,健全市场化运营机制,高标准建设新片区现代服务业开放区金融总部湾区,激发园区发展活力,形成"群雁齐飞"的格局。

加快虹桥国际开放枢纽功能平台打造,通过枢纽功能的杠杆撬动,最有效地放大进博会溢出带动效应,成为新一代国际贸易中心的开放枢纽门户。

一是在虹桥地区设立国家进口贸易促进创新示范区,及时跟踪进博会前沿需求,探索针对性的就地创新转化服务。

二是设立常设性贸易发展服务机构,专业化对接进博会,成为虹桥国际开放枢纽的重要功能性新平台。可借鉴香港贸易发展局、新加坡经济发展局等做法,推进建立共治共享企业服务改革模式。

三是在虹桥形成国际贸易信息与服务枢纽。尤其要支持数字贸易创新发展,在虹桥率先建成全球数字贸易港,促进进博会溢出带动效应从商品贸易向服务贸易、技术贸易升级放大。

四是在虹桥国际开放枢纽建设中,加大以进博会为纽带服务联动长三角的举措力度。如进一步深化"会商旅文体"常态化平台项目合作,统筹长三角物流枢纽布局,建设长三角贸易电商企业合作展销平台等。

六、完善跨境金融管理制度体系,优化金融发展环境

一是进一步完善适应特殊经济功能区建设需要、便利资金收付的跨境金融管理制度体系。加快推进新片区总体方案和人民银行等发布的"金融30条"有关举措落实落地。加大压力测试、开展开放型金融制度创新,大力发展跨境金融,着力增强国内国际金融资源配置功能。落实金融对外开放措施,吸引集聚各类中外资金融机构。探索更加灵活的金融监管模式和管理体制,优化金融发展环境,加快形成促进资金自由的金融开放创新体系,增强对于实体经济的服务支撑功能。

二是提升资金跨境结算的便利度,拓宽企业融资渠道。依托高新技术企业跨境融资便利化额度措施,打通境内外两个市场,通过定价传导机制,拓宽企业的融资渠道,降低企业融资成本。依托外债便利化额度试点,拓宽企业跨境融资的渠道,帮助企业突破外债额度方面的限制,借助境外资金开展经营,同时促进创新型企业尤其是成长初期的中小微科创型企业的发展。继续将先行试点实施一次性外债登记、大幅简化办理跨境融资业务流程等金融创新案例,复制推广到全市。

三是依托跨境金融创新打通境内外市场。将在新片区率先实施的优质企业跨境人民币结算便利化举措、境内贸易融资资产跨境转让业务等,复制推广至进博会相关企业。加快建设跨境人民币贸易融资资产转让服务平台,为进博会提供优质服务。

四是加快建设"滴水湖金融湾"。依托瑞信方正证券等多家世界500强企业以及交银金融科技等一批有影响力的中外金融机构,形成金融服务创新聚集区,大力提升金融服务创新能力。

五是高效跨境资金管理,助力打造离在岸枢纽。依托浦发银行等金融机构,创新、升级金融服务方案。聚焦跨境资金管理,利用全功能型跨境资金池、外汇资金集中运营管理、离岸资金池等不同种类的资金池,提高跨国集团公司的资金管理效率,助力新片区打造离在岸枢纽。同时,将创新金融政策运用于服务新片区内小微贸易企业。以供应链金融服务的角度切入支持新片区企业经营发展,

通过资产转让传导境外市场价格,为企业引入低成本资金。利用自由贸易账户连接境外外汇市场、自由可兑换的特点,帮助企业在开展跨境贸易以及投资中主动控制汇率风险。

七、提升服务贸易水平,加快实现国际贸易平衡发展

一是提升服务贸易比重,优化贸易结构。借鉴海南自由贸易港制度建设的做法,按照"准入前国民待遇＋极简负面清单＋准入后国民待遇"思路,研究制定服务贸易尤其是跨境服务贸易负面清单制度,在现代服务业开放上进行高压力、高强度测试,为我国从制造业开放向服务业开放升级,特别是向规则等制度型开放升级提供先行先试探索。破除跨境交付、境外消费、自然人移动等服务贸易模式下存在的各种壁垒,给予境外服务提供商国民待遇,实施与跨境服务贸易配套的资金支付与转移制度,构建更高水平开放型经济。利用新片区切实完善金融财税政策,加大对出口专项资金规模的投入,扩大出口信贷、出口开证授信额度、出口信用担保等政策的支持力度,提升金融服务出口的水平。利用新片区组织建设国际技术交易市场,强化与发达国家和地区的高端技术合作,创新发展再制造和全球维修业务,进一步建立起出口产品售后的全球服务体系。

二是加快建设国际旅游消费中心。为适应我国城乡居民消费结构升级的大趋势,以加快免税购物等为重点,大力度改革、全方位开放、制度集成创新释放我国超大规模市场优势和内需潜力,加快把上海建设成为具有世界影响力的国际旅游消费中心。从国际经验来看,国际旅游消费中心高度依赖现代服务业的发展水平,现代服务业高度发达是国际旅游消费中心的基本标志。国际上广泛认可的国际旅游消费中心,如新加坡、伦敦、巴黎、纽约,服务业比重都达到80%以上,并以金融、保险、信息、物流等现代服务业为主。通过贸易自由便利、投资自由便利、跨境资金流动自由便利、人员进出自由便利、运输来往自由便利和数据安全有序流动等政策举措,推动国内全面快速增长的"服务性消费"需求和国际化"消费性服务"供给良性互动,形成国内国际双循环相互促进的新发展格局。这也是上海开放枢纽门户功能成熟的基本标志之一。

三是以新片区为核心,推动转口贸易和离岸贸易口岸基地建设。上海应利用新片区的制度优势率先探索服务贸易、离岸贸易、文化贸易等新型贸易功能。如建立离岸贸易商"白名单"制度、完善资金收付便利功能,从而进一步破除外汇管理、跨境资金使用等方面的瓶颈问题。支持跨国公司统筹在岸、离岸业务,有效弥补上海国际贸易中心发展的短板,极大地提升全球贸易枢纽功能。

八、全面提升数字平台服务能力,打造数字经济新高地

一是打造上海数字贸易国际枢纽港的重要载体,建设开放共享的国际贸易中心新平台。推动虹桥商务区率先打造全球数字贸易港,打造数字贸易跨境服务集聚区,建设数字贸易国际枢纽港的重要载体。利用国际开放枢纽、国际化中央商务空间的流量集聚效应和进博会主场优势,重点聚焦跨境服务与功能承载,通过"枢纽占位、功能卡位、竞争错位"的"三步走"战略,突出跨境电商主题,提升长三角电商中心能级,打造具有全球影响力的数字贸易开放枢纽高地。搭建数字贸易资源配置和项目对接功能平台,加快形成资源配置和服务功能。推动建设基于人工智能和 5G 物联的长三角城市大脑集群,建设长三角电子商务中心,创建国家跨境电商示范园区,集聚培育一批高能级跨境电商龙头企业和上下游产业链企业,率先建成全球数字贸易港。

二是建设好全天候国内外一站式服务平台。"6 天+365 天"常年展示交易平台用于进博会常年展示、业务洽谈、成交手续办理,使供需双方在进博会平台上拥有多样化的自由选择权,为有意愿但无法参展的境外优秀企业提供对接机会,使企业能进入平台进行保税展示交易。同时,该平台进一步针对参展客商和与会嘉宾的需求,加强数字平台的各项功能,开发金融、物流、法务等服务模块,并在交易功能拓展方面加强点对点交易的撮合力度,支持我国与全球城市和地区在股权合作、产品互挂、市场互联、技术输出等方面展开合作。

三是推动人工智能与 5G、大数据等融合发展,为新业态、新模式、新产业发展充分赋能。充分释放 5G、AI 在进博会、新片区中应用场景,将进博会和新片区打造成为人工智能技术的最佳试验场、价值的最好实现地。大力推进人工智能在医疗、交通、制造、城市管理、公共服务、金融等领域形成更多创新应用。依托腾讯、阿里巴巴、百度、华为、微软、IBM、特斯拉、思爱普(SAP)、ABB、阿斯利康等海内外知名企业,建设上海 AI 生态圈,加快建设人工智能发展"上海高地"。

四是依托新片区深化拓展贸易自由化制度安排,着力强调引进高附加值的"清算中心""结算中心"等,积极为境外客商进入中国市场提供多模式、多渠道精准对接服务。切实利用大数据技术增强金融监管能力,通过形成以机构、产品、风险"三维一体"为特征的金融业监管体系,提高对各类金融风险的检测水平。

九、尊重人才规律,提升高端人才聚集水平

高层次人才的自由流动和高质量集聚,对增强上海开放枢纽门户功能具有

重要而深远的战略影响。

一是积极引进多所顶尖理工科高校落户新片区或长三角地区。打造青年人才"淘金长三角"的理想聚居地,以"人才一体化"赋能高质量发展,增强上海的开放枢纽门户功能。促进进博会与其他时段展会联动发展,借鉴达沃斯论坛经验,依托进博会子论坛构建高层次的交往对话平台,打造全球精英"朋友圈",提升上海国际会展之都的影响力。

二是以进博会举办为契机,打造复合型会展人才培养平台。一是上海应通过总结进博会举办的经验与不足,全面提升会展人才的综合素质。二是上海应利用进博会推动高校会展人才教学和会展行业实践相结合,进而增加上海会展从业人员的技能储备,并加速长三角会展人才的流动与整合,实现会展人才的区域配置和资源共享。三是上海应利用进博会创造更多的"准就业"机会,通过校企合作的方式,既为企业提供考察机会,也为大学生提供更多就业渠道,从而推动就业市场与企业需求的高效对接。

三是以新片区政策实验为契机,打造全球创新人才集聚高地。上海应打破仅吸引企业的单一思维,以及延续减免税收等相对"老一套"的城市政策,用好用足出入境便利、居转户年限缩减等政策优势,依托顶尖科学家论坛等重大活动,提升高端人才聚集水平。利用新片区建设实施更加便利的人才流动政策,更为重要的是,让境外人士参加我国相关职业资格考试,外国专业人才可以在特殊经济功能区自由职业,并且享受境外人才个人所得税税负差额补贴政策。应进一步复制推广上海外籍人才工作经验,积极争取在长三角地区先行先试区域一体化的人才政策,在集成电路、人工智能、生物医药等重点领域,逐步推进高级专业技术人才和高技能人才的资格、职称互认,为区域高层次人才合理流动创造条件。

四是通过对公共服务主体多层次的供给提高公共服务的配置效率,提高公共服务质量,优化公共服务结构,进而满足各层次人次对公共服务消费品的需求。尽快完善内外交通、住房保障、综合能源、教育医疗、商文体旅等基础和配套设施。以建设独立的综合性节点城市为目标,加快完善城市功能配套,优化内部交通体系,加强通信基础设施建设,加大医疗、教育、养老、商业等生活配套的投资力度,抓紧提升菜市场、超市、早餐工程、运动场所等基础民生服务功能,切实满足当前居住、工作、旅游各类人群的生活需求,吸引更多高端人才。如以101区域为重要空间载体,打造凸显临港新片区特色的商、文、体、旅、康等生活性服务业集聚、生活休憩功能复合的国际化现代化综合社区,打造国际化现代化城市生活服务业集聚区,形成"要休闲,到临港;要生活,住临港"的良好口碑。

十、培育区域开放与国际合作的新动能

在区域开放方面,一方面上海应积极发挥进博会对长三角的辐射作用。建议联合长三角各级政府、行业协会及产业园区,在各个城市组织进博会后续系列论坛或交流会。相关活动应以长三角各个城市的进博会参展企业为主角,以当地政府部门、行业协会、产业园区等组织为纽带,着重促进当地参展企业与非参展企业的经营合作与信息沟通。与此同时,上海应整合长三角城市群多元化旅游资源,突出各地旅游特色,借助进博会,推进"长三角会商旅文体示范区联动平台"建设,开发若干条长三角地域特色精品线路。同时开设长三角多语言旅游网站,加强活动宣传,延长进博会观众特别是国际来宾的停留时间,进一步提升长三角文化的国际影响力和知名度。另一方面上海应利用新片区实现长三角资源高效集成。新片区要积极探索实施"组合港"战略,共同研究覆盖上海、南通、连云港、宁波等周边良港的国际航运中心建设规划,积极参与沿江沿海港口集团交叉持股,以多式联运为突破口,以离岸贸易、服务贸易、数字贸易和跨境电商等为重点,努力打造长三角全球领先的国际综合枢纽港口群。与此同时,上海应联动新片区与其他长三角国家级开发区、高新区,共同建立特别合作区,充分发挥自身溢出效应,创新产业转移共享机制,围绕保税加工、保税维修、现代物流等功能,推动产业上下游合作,保税与非保税产业深度融合。此外,应打通新片区与长三角其他自贸区间的信息壁垒,推动数据全归集、全打通、全共享,构建国际海事服务网络电子商务平台,扩大与油气等大宗商品贸易、交易、金融等业务相关领域数据开放,加快打造整合统一的"数字自贸区",推动长三角区域数字经济高质量发展。

在国际合作方面,一方面上海应积极发挥进博会与"一带一路"沿线国家的贸易连接作用。利用进博会与"一带一路"国家间建立起直供渠道和配套的物流体系,在精准传递双边需求信息的同时,为双方找到更多的利益连接点和价值创新点,不仅为更多本土跨国公司提供到"一带一路"沿线国家对外投资的可能,而且使"一带一路"沿线的欠发达地区国家也能参与到进博会中,实现我国由面向发达国家合作转向同时面对发达国家和"一带一路"沿线国家的合作往来布局转变。另一方面上海应利用新片区为中国企业参与国际合作创造条件。通过临港新片区现有的商贸资源和专业服务资源,建立健全专业服务机构和专业人才信息统计数据库,明确服务领域、服务地区、服务项目等,统一发布目录指引,制定

专项引导政策,建设服务"一带一路"的重要承载区与功能枢纽。与此同时,充分发挥金融、会计、咨询等机构功能,深化法律服务领域合作交流,积极推进实施国际通行争议解决方式,为长三角及全国其他地区企业"走出去"提供投融资、产权保护等应用性咨询服务。

第二节 政 策 建 议

一、体制机制创新,提升进博会服务能力

一是促进进博会从主场外交转化成"市场化的展览会"。组建专业化的招商团队,积极探索市场化的招展模式。疫情期间,政府要对国内参展企业进行补贴,吸引更多优质企业参展。培育更多的进博会体系中的进出口贸易公司、培育跨境电商等主体,促进跨境贸易集团转成综合类展会平台,提升阿里巴巴等跨境电商的线上线下能力。借助、发挥经销商/贸易商的中介作用,委托、辅助完成展品的入境检验检测,顺利实现展品标准/商品标准的对接和转换,加快推动"展品变商品"。

二是优化、拉长通关便利渠道,形成"通关+展览+销售"的闭环,打造"保展商互转"链条和跨境电商 B2B 出口一体化服务平台。在新冠肺炎疫情影响下,积极推动进博会同步联合跨境电商平台企业开展线上交易。创新进博会线上成交货物的通关、监管方式,实现通关便利。

三是创新进博会统计体系。目前,进博会统计口径只是签单金额,并未有效追踪交易后续情况。要强化进博会的后续统计和评估,确保进博会订单的真实有效性和落地实施效果。进一步依托大型政府采购(如 5G 设备等采购)等手段,以政府需求推动、对接进博会产品和服务。

四是优化制度环境,为进博会提供更好的保障。借鉴香港贸易发展局、新加坡经济发展局等做法,设立常设性贸易发展服务机构,专业化对接进博会,成为虹桥国际开放枢纽的重要功能性新平台。推进建立共治共享企业服务改革模式。在虹桥形成国际贸易信息与服务枢纽,促进进博会溢出带动效应从商品贸易向服务贸易、技术贸易升级放大。进博会展品知识产权冲突问题较为常见,部分外贸公司的侵权严重,可借鉴广交会的经验,开设知识产权办公室,做好线上线下进博会的知识产权的保护与规范。落实"一网通办"与有关管理部门的对接和协调,实现更大范围的"一网通办"。打通参展企业与工商总局的信息以及小企业与工商总局的信息系统,更为便利地服务进博会参展企业。

二、构建系统化政策体系,形成政策合力

进博会和新片区建设一发而顾全身,要破解中央和地方存在的影响新片区发展的诸多问题,需要加强全盘的战略考量,形成推进合力。

一是针对政策碎片化、"上通下不通""左通右不通"的尴尬局面,要有效推动"部市对接",打通各部委、各主管部门,以及与当地政府间的各种渠道,如推动海关等部门事权下放。海关总署要实现自下而上的突破,积极协调财政部门、发改委、商务部、税务总局、海关等部门,推动事权下放。在此基础上,依托洋山特殊综合保税区在流程上、审批上所进行的探索和优化,降低企业通关申报、海关监管方面的程序性负担。及时地将有关综保区内政策复制到区外,增强新片区开放枢纽门户功能。

二是建立新片区、进博会、上海机场、上海海关、上海铁路、上海港口等协调组织机制。建立新片区的政府机构、企业与进博会政府机构、企业的合作、沟通、参观的协调体制机制,实现产业、技术、投资、商品间的有效链接。加强新片区建设各部门的互联互通,使政策真正落地,发挥各方特色。建立新片区联席会议机制,明晰新片区的管理范围和边界,研究实现路径,在了解规则的基础上探讨对各贸易安排采取"合并同类项"还是"另起炉灶",制订系统化的规则。

三是建立进博会与新片区间的无缝衔接机制,完善与强化上海开放枢纽门户功能。一方面,继续放大进博会的作用,实现进博会从规模的提升到内涵和质量的提升。拓展进博会的作用,将进博会吸引的投资落户到新片区。在新片区设置进博会分会场或分展馆,将进博会的成果延伸到新片区,并进行展示。另一方面,打通进博会与新片区在商品、产业或技术的进口、出口、落地间的联动,做实做精"6 天+365 天"常年展示交易平台。在进博会中,做好新片区专场,放大进博会的溢出效益。例如,在第二届进博会中有很多的技术交易,将新片区重点发布的产业作为进博会专门板块,进行重点对接,形成溢出效应和链接效应。

四是加强进博会与新片区联动,推动政策举措互通互用。推动一系列贸易便利化举措在虹桥落地,如在虹桥商务区启动自动进口许可证通关作业无纸化试点和电子许可证签发试点,推进进口商品自动进口许可证申请、许可、通关全程无纸化,推动临港新片区服务业扩大开放措施在虹桥区域复制推广。新片区可借助进博会的洽谈契机,与"一带一路"沿线国家等对外贸易主体间签订投资保证协定、自由贸易协定,降低企业开展国际业务的税收负担。

五是推动进博会创新性政策在新片区等的应用。例如,海南商务厅到进博

会取经,新片区要积极对接进博会、借鉴进博会,实现更大范围的制度创新。强化知识产权保护是进博会和新片区面临的共同问题,要以进博会为契机,推进相关知识产权保护手段先试先行,可以建议借鉴广交会经验出台相关文件,从制度层面明确相关纠纷处理流程和处罚措施;设立知识产权保护中心,加强跨区域市场监管和知识产权保护,完善进口消费品质量安全投诉平台。新片区可借鉴进博会的做法健全相关知识产权评估机制,提高知识产权司法救济的及时性和便利性,推动区域内同类产业共同建设知识产权信息服务平台和专题数据库,完善知识产权纠纷多元解决机制。

三、设计针对性政策,提升产业核心竞争力

一是聚焦高端产业和前沿领域,发挥新经济形态引领创造作用。临港新片区建设应按照先行启动 120 平方千米、辐射联动 386 平方千米、整体谋划 873 平方千米总布局,打造更具国际市场影响力和竞争力的特殊经济功能区,融合发展新型贸易、投资、研发、产业、服务等更多功能。

二是着力构建新型标准和产业体系,通过优化强化产业链条、扶持重大项目等措施,围绕集成电路、新能源汽车、人工智能、生物医药、航空航天等重点领域,研究制定出台产业标准和产业体系,明确发展目标、空间布局、关键环节和核心领域,推动优势产业高端化、集群化、标准化发展。

三是围绕集成电路、新能源汽车、人工智能、生物医药、航空航天等重点产业及其延伸的产业链进行精准招商,引进更优的龙头企业。制定更优的项目落地机制,加快推动重点项目土地出让、推动取得土地项目尽快开工、推动开工项目尽快释放投资,确保各重大项目按节点目标推进;注重实效,认真梳理制度创新成果,以政策落地推动改革、以改革促进政策落地,更好地推动上海全方位高水平开放。

四是针对不同企业,实行针对性扶持政策。对初创型企业,提供包括研发、楼宇、人才政策支持;对扩大生产型企业,提供扩大再生产技改扶持;对于企业走出去,面向海外市场,在进出口、融资方面,提供更多扶持政策。

四、优化营商环境,建立极简审批制度

一是抓住"境内关外""牛鼻子"开放探索,持续优化营商环境。上海应加紧实施投资经营、货物进出、资金流动、运输开放、人员执业、信息联通六大开放政策。加快建设洋山特殊综合保税区,加快落地具有国际竞争力的税收制度和全

面风险管理制度。优化打造跨境"数字清关"平台,推动实现跨境电商 24 小时无障碍通关。优化打造"科创 e 家"信息化平台,为科创企业提供在线办理业务、单证电子传输等一站式服务。依托大数据平台做好进博会监管服务,实现对展商、展品和展位的精准监管。

二是着眼于如何有效集聚全球高端要素资源,在工作作风、服务质量上上海应进一步优化整体营商环境。在制度层面进行进一步的改革,对原有一些行政审批的流程、程序进行优化,形成对接国际贸易准则的审批整体程序。制订创新性举措,将原有的流程针对企业需求进行创新性、制度性改革。借鉴特斯拉审批过程当中形成的一些创新性举措,简化、优化行政审批事项和流程。

三是促进进博会、新片区等个案速度转化为制度化的常态、普惠版企业福利。在经贸规则、法律规范、政府服务等方面上海应探路先行,逐步实现由特惠到普惠、从"特斯拉速度""新奥五天四证"等"临港速度"到"上海速度""中国速度"的转变与提升,为全国营商环境建设树立制度标杆。

四是探索建立"极简审批"制度,打造更具开放色彩的"两张网"。上海应借鉴"一网通办",设计联合审批机制,通过简化办事流程、减少审批环节,做到项目审批规范化、制度化。着眼于"以企业为中心"、办成"一件事",进行业务流程再造,加快推进"互联网+政务服务",打造"一网速联""一网通办""一网统管""一网通用""一网赋能"服务品牌,率先探索建设全球数据港。

五是提升区域综合服务保障功能。虹桥商务区要紧紧围绕"推进基础设施项目建设、完善交通组织保障、提升城市管理精细化水平、优化会展配套服务、强化应急处置能力"和"承接辐射溢出效应""5+1"任务清单内容,不断优化服务流程和服务能力。提升"6 天+365 天"常年展示交易平台作用,加快推进虹桥国际开放枢纽建设。

五、创新服务贸易机制,推进进博会等有关商品通关便利

针对具有较大进口需求的进博会商品,上海应创新监管模式,推进商品快速通关,实现展品向商品的转换。

一是建立风险评估体系。上海市商务、海关、药品监督管理等部门就进博会"展品转商品"所涉及的关键环节和问题进行梳理,以风险评估为突破点,建立"分类管理+产品风险分级"的监管体系,对低风险产品实行"一次审批、多次核销",对高风险物品建立特殊物品的入境通道。建设进博会展品风险评估信息平台,建立进博会"展品转商品"风险评估流程和技术要点标准,实现评估无纸化、

流程可视化、结果可预期。

二是优化关企服务模式。依托上海海关跨境贸易大数据平台,对符合一定条件的进博会展品,减少事中干预,对特殊情况需要查检的进口用品优先实施查验、抽样、检测等作业。推广有关成熟经验,完善检疫监管体系,完善通关便利制度,进一步压缩通关时间。简化风险判定流程,缩短风险评估时间。

三是搭建公共服务平台。上海应依托进博会、新片区服务贸易创新发展试点、服务业扩大开放综合试点等平台,发挥综合保税区优势,建设一批出入境公共服务平台,安排海关、药监、环境、卫生等有审批事权的部门入驻,为企业提供报关报审、专岗查验、快速通关、保税监管、业务咨询等"一站式"服务。

六、创新特殊政策支持机制

上海应在风险可控的前提下,加快特殊支持政策先行先试。

一是在产品通关方面,建议争取支持便利通关方案延伸至其他重点展会和展览场所,设立专门窗口一条龙服务,做到展品随到随办。在展品处理方面,允许展中销售,延长展品入境时限,允许在展览结束后开展展品的展示与交易活动。

二是对进博会参展商品中消费者反映良好、监管方式成熟的商品,在办理相应进口许可注册备案审批的过程中,允许小批量先行引入虹桥进口商品展示交易中心等场所开展保税展示及小规模试销,以降低其进入中国市场的费用及时间成本。

三是在展品审批方面,可积极申请将引进医疗器械、药品等产品的审批权限下放上海,在进博会期间为展出医疗新装备、新药品提供便利化政策。

七、促进进博会转向智慧会展,形成强大的新型会展产业链格局

促进进博会实现线上线下"两条腿走路",实现进博会向"智慧会展"转型,形成强大的新型会展产业链格局,将上海打造成"会展之都"。

(一) 联动城市,打造智慧进博会

找准抓手,实现智慧进博会的充分借力。上海应注重城市智慧化建设,在智能交通、智慧城市管理、智慧教育、智慧旅游等一系列重点项目的带动下,进一步提升进博会智能化水平。加速云上会展、智慧进博会与"智慧城市"的结合,使其成为"智慧城市"发展的有机组成部分,实现进博会向智慧进博会的转型。

（二）积极推动政策法规落地

一是积极推动政策法规落地。2020 年 3 月 19 日，上海市十五届人大常委会第十八次会议表决通过了《上海市会展业条例》，这是全国首部会展业领域的地方性法规。该法规将为规范众多会展活动，特别是为服务保障中国国际进口博览会，助力上海打造国际会展之都，提供坚实的法治保障。上海要采取切实有效的措施，找准抓手，积极推动政策落地，提升进博会的智慧化水平。

二是云上会展、智慧进博会本身是大平台、大战略的市场行为。政府或者以政府为背景的组织，要成为推动智慧进博会发展的主力军。可以考虑在政府有关部门的推动下，构建"智慧会展建设产学研发展中心"，通过政策和顶层的意识和力量来推动实施，建设起产业发展的大数据中心和共享平台，积极推动该平台被会展业市场化商业利用。

（三）及时出台应对性政策措施

一是加大对于智慧进博会建设的支持力度。有关部门要积极鼓励、积极创新，引导进博会向智慧化发展。在政策上对于智慧会展有所偏移，对参与智慧进博会有关环节的主办方和生产供应商减免税费。要重视高校对于会展人才的培养，为行业人才的引进牵头。

二是推动各个主体加大合作，增强资金投入。政府要加大补贴力度和资金支持，主办、承办与参展方要加大筹办预算，场馆要加大对于智慧场馆建设的投入，各方的支持行业也要对自身领域升级（如物流和搭建等）。

（四）找准抓手，提升进博会智慧水平

一是加强会展场馆信息化建设。上海应大力推进会展场馆信息化建设，成立专门信息数据中心，负责协调其他各子系统功能模块，将各部门需要收集的展览行业信息集中到一起，包括展览场馆的信息、专业会展信息、参展商和厂商信息、观众信息以及展览服务商信息。数字媒体控制系统也是信息化建设中一个非常重要的子系统，该系统能够满足大型场馆的显示需求，并将多种显示终端集成起来，实现数字网络化管理。

二是打造进博会智慧化管理平台。上海应努力打造进博会智慧化管理平台，积极推进进博会招展、参展等智慧化。利用智慧化信息技术及互联网模式，打造现场演示、触摸体验、信息交流、网上预约、手机上网等多个链接交换平台，实现销售一体化无缝连接，方便参展商实时掌握动态化会展信息，并有针对性地制定营销方案，实现参展企业产品与公共信息之间的有效互动。

三是以新片区为载体，探索创新制度模式，着力构建全球数字监管平台。上海应通过整合人流、商品流、金融流、信息流、科技流、文化流为代表的信息要素，围绕新片区数字围网的区域、性质、内容、功能，在法律规制、转口服务、税制安排、知识产权保护等方面，采取"境内关外"和"境内关内"并存的监管新模式，提高监管的科学性、靶向性和精准性，树立以创新和智慧破解管理难题的全球标杆。

八、创新海关监管模式，推动跨境 B2B 电商发展

一是创新海关监管模式。上海应依托虹桥品汇 B 型保税仓，实现仓展销一体化模式，探索、优化、实现前店后库、店库合一的模式，促进进博会"展品向商品"的转化。创新口岸通关模式，加快智慧口岸建设，压缩通关时间，为各类商品进出打开"方便之门"。推动海关特殊监管区域和口岸、物流枢纽聚合联动发展，做强加工制造、研发设计、物流分拨、跨境电商、融资租赁等"报税＋"新模式新业态，形成比较完备的国际贸易功能框架。

二是新业态提升服务贸易发展水平。上海应发挥洋山特殊综合保税区的作用，在浦东国际机场南侧区域以飞机保税维修、在洋山港区域以船舶维修服务等新业态为抓手，推动加工贸易、保税维修等项目落地，进一步吸引更高技术水平、更大增值含量的加工制造和生产服务环节向中国转移。不断创新保税维修监管制度，升级保税维修政策，推动服务贸易创新发展，充分参与国际分工、赢得国际市场。多部门联合协作，紧密结合相关产业发展趋势，依据维修企业实际需求，针对企业特点量身定制个性化监管制度，有效解决货物通关、资金占压等关键性问题，促进洋山特殊综合保税区集研发、制造、销售、租赁、维修、再制造、配送于一体的综合产业链的形成。

三是探索推动跨境电商 B2B 出口。上海应优化监管流程，创新监管模式，通过跨境电商平台广泛对接全球企业和消费者，推动上海企业快速融入全球产业链供应链，提升上海制造在全球产业链的影响力。突破跨境电商 B2B 出口企业的传统贸易方式申报通关，设计专门的通关方式，享受通关便利。制订更贴近企业诉求的监管服务和专属的政策支持，有效降低跨境电商通关成本和运营成本。

九、打造国际化人才聚集新高地

突出"人才是第一资源"，优化城市配套服务，打造"近悦远来"的国际化人才聚集新高地。上海要深刻认识和把握新片区城市建设的方向性问题，立足实际，

借鉴世界大城市发展经验,统筹生产、生活、生态三大布局,将建设"宜居生活"环境纳入考量范畴,打造成人才居住、聚集、生活的重要场所,为新片区发展提供强有力的支撑。

一是规划建设国际创新协同区,发挥顶尖科学家论坛带动效应。上海应加快核心技术、核心团队和核心企业的集聚发展,加快建设浦东国际人才港,落实临港人才新政,让海内外人才将临港新片区作为追梦的热土以及创新、创业、创造的摇篮。

二是更新发展理念,形成新的城市发展逻辑。城市成功的关键,仍在于吸引并留住人才。新片区要扎实做好"五个人人",形成"环境吸引人才—人才集聚产业—产业繁荣城市"的城市发展新逻辑。在推进"放管服"改革的同时,上海亟须将建设"宜居生活"环境纳入新片区考量范畴,通过构建更为全面的评价体系,客观分析新片区营商环境的现状与不足,从而提出针对性的策略,进一步提升新片区城市竞争力、吸引力和创造力。

在虹桥商务区内,上海应在保障进博会顺利举办的同时,识别上海公共服务的弱环,以"更有序、更安全、更干净"为目标优化城市公共服务体系。在对外交通方面,上海应争取国家及市相关部门支持,研究调整虹桥国际机场功能定位,切实增强虹桥国际机场服务长三角、联通国际的开放枢纽门户功能。在内部交通方面,上海应对进博会客流数据进行分析,有针对性地完善周边配套道路建设,加强交通应急演练和大客流引导,构建高效畅通、反应灵敏的交通保障体系。

在临港新片区内,一是上海应围绕服务企业生产,加强重点区域市容景观提升,有序推进绿地整治和景点美化。二是支持社区农贸市场、基本商业配套建设,解决居民日常生活需要,支持引入各能级、高品质品牌商业,助力提升新片区生活功能。三是引入优质项目,带动新片区旅游、体育产业发展,打造国际城市新地标,或联合特斯拉等企业开设工业旅游线路,助力建设活力、开放、精致、生态的休闲旅游与体育产业集聚区,提升新片区娱乐功能。四是,全方位提升公共服务水平,建设多样化和便利化的服务体系,完善和增强新片区医疗服务设施,扩大廉租房、公租房等住房保障体系的覆盖面,打造优良的教育和休闲环境,营造能够留得住各类企业和人才的营商、生活环境。

十、协调国际合作与区域发展,促进上海更高水平开放

一是扩大对外开放"朋友圈"范围。上海应依托进博会和新片区,与世界重要城市、全球主要自贸区、自贸港区和商会建立务实的交流合作机制,深化与东

南亚国家港口和商协会的交流合作,拓展与欧美国家的经贸联系。一方面,在会计、物流、航运服务、市场推广、专利授权等专业服务领域开展深入交流与合作,依托进博会和新片区形成的产业链及有关平台等机制,增加与节点城市间的直接经济联系,搭建国内企业"走出去"的对外交往平台。另一方面以进博会和新片区为依托为世界各国组织建立企业间市场,克服信息不对称障碍,降低交易成本,进而提升上海乃至中国在全球经济治理中的话语权和影响力。

二是减少行政区划限制,构建资源聚合平台。上海应依托进博会和新片区,重点发挥长三角省级人大协作交流等机制,协调推动江苏、浙江、安徽等周边省份在规划布局、交通基础设施、港口整合、公共服务设施等方面做好对接。通过加快长三角一体化示范区建设减少行政区划限制,在形成开放型的区域一体化市场的同时,提升上海的中心集聚功能和服务辐射功能,增强上海的开放枢纽门户功能。

三是探索区域合作模式,形成开放联动机制,推动长三角更高水平的协同开放。以新片区为龙头,结合《长三角生态绿色一体化示范区产业发展指导目录》,进行区域产业链招商,增强上海开放枢纽门户功能。依托进博会和新片区,强化新基建、产业园区等方面的合作,增强大型项目上下游、产业集群、生产服务、项目分包、监理等不同领域及环节中的合作。

四是依托进博会、新片区,积极发挥上海的开放引领作用,引导周边地区深度对接长三角国际大通道,为上海开放门户枢纽城市建设获取更广泛支撑。新片区、进博会与长三角各地要联手强化对外通道建设。加强航空运输体系统筹,实现长三角机场群联动发展,建成世界级机场群。统筹长江下游港口分工协作,共建长江下游航运中心。统筹规划国际多式联运集疏系统,打造内陆铁公水多式联运国际大通道。

五是以数字服务贸易平台建设为突破口,加快形成资源配置和服务功能,构建长三角城市群合作平台。浙江拥有数字服务贸易龙头企业,可以进一步发挥扩大数字服务贸易平台受众群体作用,在平台扩大效应上做足文章。江苏基于已有的工业基础,可以加快实现数字服务贸易与制造业的有机融合,尽快实现制造业数字化转型升级。可以考虑在安徽建立数据平台中转站,打造互联互通产业链,有效将上海的高端生产性服务业、浙江规模宏大的跨境电子商务、江苏的制造业,以及安徽向内陆省份延伸的腹地经济链接起来,共同打造立足于本土的全球价值链,发挥好三省一市协同创新的重要历史使命。

第二部分

进博会与上海城市功能专题研究

第七章 打通进博会关键环节，打造"双循环"的有效链接

第一节 增强"双循环"，提升上海城市枢纽功能

当前世界经济格局中，"逆全球化"思潮迭起，全球经济处于"失衡"与"再平衡"的变革进程中。上海要依托进博会，在市场、产业、要素、创新等方面多维度增强国内国际"双循环"中的战略链接功能，激发国内需求，加快构建完整的内需体系。那么，进博会在发挥上述功能方面存在什么样的短板？应该如何补足上述短板，提升上海的战略链接功能呢？我们在对历届进博会，以及上海市国际展览有限公司、英富曼会展集团（Informa markets）旗下上海国际食品饮料及餐饮设备展览会（FHC）、高美艾博展览（上海）有限公司、绿地全球商品贸易港等深入调研的基础上，认为市场机制不够充分、"保展商互转"不畅、海外企业需求得不到满足等因素制约了进博会增强国内国际"双循环"的链接功能，上海应采取切实有效的措施，发挥进博会的功能，提升进博会的需求满足能力，将其真正打造成为国内国际"双循环"的关键链接。

一、进博会增强国内国际"双循环"的主要成绩

近年来，上海依托进博会等平台，以制度创新为核心，构建面向全球的高水平开放格局。政策高地优势将逐渐凸显，全球产业链接不断增强，高端要素加快聚集。进博会成为长三角打造具有全球影响力的世界级城市群的重要推动力。

（一）制度创新，不断增强进博会"双循环"链接能级

一是进博会是中国在应对全球复杂经济形势下主动开放市场、以主动扩大进口战略推动贸易强国建设的重要活动。进博会吸引不同国家和地区的参展商和投资者，给中国市场带来丰富的外国企业的产品和服务。进博会企业商业展包括货物贸易和服务贸易两部分，呈现展览规模大、国别分布广、企业数量多质量优、新产品新技术多、展览展示水平高等突出特点。

二是进博会由于展览的时间集中,对海关通关效率以及商检安全保障的要求较高。上海以及有关职能部门积极革新监管模式,从制度上保障进博会通关智能化、数字化、便利化。例如,在海关与商检方面,上海海关设立了保障进博会的专门机构——上海会展中心海关,统筹国际会展监管资源,随时响应进博会需求。同时提出5项通关便利化措施和3项创新性举措,大大提高了通关的效率。在税款担保方面,对进博会暂时进境展览品,由上海国际会展中心统一提供税款总担保,减轻境外参展企业的负担。在金融服务方面,各银行和保险企业进行的各项服务创新,为境内采购商、境外参展商、参展个人提供境内外、本外币、全方位、一体化的全功能综合性金融解决方案。此外,上海还积极展现和推广自贸区制度,在进博会的举办全过程展示了我国对外开放的成果,并由我国主动创造开放发展的新机遇。

(二) 服务贸易培育外贸新动能,打造"双循环"的战略引擎

进博会积极优化调整展品结构,深化服务贸易和投资合作,培育外贸新动能,打造"双循环"的战略引擎。

一是进博会重点引进物流及供应咨询服务及文化授权服务,全面支撑货物贸易展区的贸易服务需求,与货物贸易展区形成互为展商与买家的生态链。第二届进博会服务贸易展区设文化及旅游服务、金融及咨询服务、商贸物流及供应链服务、检验检测及认证服务、综合服务(建筑、设计等)五大板块,在丰富进博会内涵的同时,为全球的服务贸易供给者和需求者搭建起沟通的桥梁。四大会计师事务所齐聚进博会,UPS、VALE淡水河谷、DHL、汇丰银行、SGS、万豪酒店、洲际酒店、皇家加勒比游轮等大量500强和龙头企业积极参展。第三届进博会服务贸易展区涉及金融、物流、咨询、物业管理、供应链管理、零售和文化旅游等领域,金融服务板块将首次引入非银金融服务机构,包括供应链金融、金融投资、汇兑、征信、区块链金融科技等细分领域参展商,银行金融服务行业龙头企业也将继续参展。

二是进博会聚焦"创新连接价值"的主题,重点展示前沿科技与尖端技术在服务行业的创新成果,促进各国人民共享人类社会发展进步新技术新成果。例如,进博会物流服务作为传统优势板块,围绕"一带一路与中欧班列"及"物流数字化",着力展示海运、空运、货代等领域龙头企业的国际运输应急解决方案及数字化创新方案。咨询服务、法律服务、检验检测服务及供应链管理等领域的专业机构将提供国际贸易支持、国际仲裁、多国标准认证等一站式解决方案,揭示未来办公、数字化转型、智慧企业管理的无限可能,助力企业把握时代发展机遇。

(三) 助推形成全球综合价值链,打造"双循环"的有效产业链接

一是进博会为完善全球价值链提供了"中国方案",助推上海融入全球体系。从数据可以看出,"越办越好"的进博会正在释放着全球贸易的正能量。第二届进博会共有 155 个国家和地区、26 个国际组织参加,来自全球各个国家的 3 893 家企业参加企业展,证明中国依然是全球最具有吸引力的市场和投资热土。

二是进博会以实打实的交流合作,推动全球价值链、供应链完善,共同培育市场需求,共享发展机会。第二届进博会上,香港冯氏集团展示了其供应链一站式解决方案和未来智慧供应链发展趋势,旗下子公司利丰供应链与招商局报税物流有限公司签署战略协议,双方以进博会为新起点,围绕全球供应链构建展开深度合作。

三是进博会对新技术的应用和传播,不断提升全球价值链融合的深度。从前两届进博会现场来看,经销商和采购商聚焦新技术、新产品已经成为主流趋势。

(四) 国内外认同不断提升,强化"双循坏"的社会支持

一是进博会增强了居民对城市的认同感,为上海进一步融入全球体系提供了社会环境基础。本地居民对城市发展的积极态度是上海融入全球体系的重要支撑。世界著名的大都市如纽约、香港和迪拜等,本地居民对城市发展和品牌具备深度了解和高度信任等积极情绪,持续推动城市向更加开放和创新转变。第二届进博会期间,我们对上海本地参展者的随机调查发现,超过 96% 的被访者认可进博会对上海城市形象的提升作用,约 84% 的被访者表达了对上海举办进博会的自豪之情。进博会提升了本地居民自豪感和荣誉感,提升了居民对城市发展的认可度,这些都为上海融入全球体系提供了社会支持基础。

二是进博会为境内外企业感知上海打开了一扇窗,为打造"双循环"链接提供了重要的认知基础。进博会作为我国与世界各国创新合作的重要平台,在世界范围内受到关注。进博会的成功举办彰显了上海的城市精神和城市形象,也为国内外企业提供了认识和了解上海以及国外企业近距离接触中国的机会。作为进博会的举办城市,在国内企业者心目中,上海城市品牌已与"进博会"紧密相连。通过参加进博会,入境参展者对上海有了更加直观的认识。借助新闻报道和参展者的口碑传播,上海作为国际文化大都市的城市形象也会在更大范围内得到巩固和提升,为吸引境外企业进入中国市场发展提供了重要的认知基础。

(五) 辐射带动效应不断增强,强化"双循环"的区域支撑

一是进博会成为虹桥商务区发展的引擎,刺激和满足了旺盛的消费需求。

进博会明星展品进驻虹桥品汇等平台,吸引数万市民参观或购买商品。2019 年进博会国家馆延展期间,绿地全球商品贸易港吸引了 20 万人次和国内外专业采购商 310 余组,零售总额超过 600 万元,总采购订单金额为 2 000 万元左右。

二是推动长三角一体化战略持续提升,促进上海在长三角的定位由"领头"向"枢纽"转变。G60 科创走廊联合上海、嘉兴、杭州、金华、苏州、湖州、宣城、芜湖、合肥 9 个城市,组建进博会采购商联盟,更高效地承接进博会溢出效应,深化产业集群布局,为长三角一体化的更快更高质量发展注入动力。

二、进博会增强国内国际"双循环"面临的主要问题

(一) 政府主导色彩鲜明,市场化机制需进一步引入

一是进博会招展以省市委组团进行招商为主,相关省市均报政府有采购指标,但实际完成和落地多少存疑,没有进行准确的统计。此外,调研还发现,存在订单由于进博会而推迟或提前签订的现象,以及对其他展会的采购需求降低的"挤占"现象。以英富曼会展集团(Informa markets)旗下上海国际食品饮料及餐饮设备展览会(FHC)为例,2018、2019 年海外参展国家和展团数量(见图 7 - 1)均出现了不同程度的下降。上海及相关部门要及时向市场化招展和办展转型,采取切实的手段,保证进博会交易的有效性。

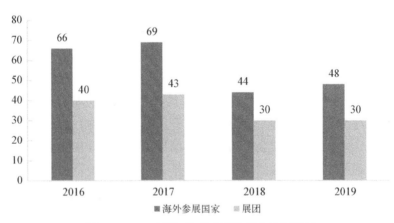

图 7 - 1　FHC 历年海外参展国家和展团数量

二是国内中小企业对进博会有更多的需求,却面临展会的进入门槛较高的困境。进博会原则上以省市组团,凭邀请码入团,对参展企业质量要求较高,造成许多中小企业达不到参会门槛。进博会以指定单位作为资质来撬动市场,需要高保证金进场,交不出保证金的企业面临着连小型客户都很难抓住的窘境。

三是进博会规模大、级别高,在招商、招展、参展等过程中,参展企业审核烦琐,政审复杂,亟须快速打通各地市场监管机构、工商机构、公安部门间国内参会企业有关的数据共享渠道,优化进博会的管理流程。

四是进博会高科技产品比重及应用有待提升。调研发现,国外高科技产品参展商顾虑较多,多进行形象展示,产品展示较少。此外,关于第二届进博会的问卷调研发现,参展商对5G服务并不敏感,"现场5G服务优势明显"的分数仅为3.54分(满分5分,下同),许多参展商都表示对5G服务不了解,或者5G速度并不够快,服务优势并不明显。参展观众也普遍对5G的感知较低,"我感受到了5G技术为展会带来更多便利"这一项得分较低,仅有3.47分。在问及原因的时候,大部分参展观众表示并不了解5G技术或是没有真正体验到5G技术。

(二)"保展商互转"不够通畅,进博会促进国内大循环体系存在断裂环节

一是进博会商品销售功能薄弱,对国内大循环的辐射力度有待提升。进博会参展商品有几十万种,市民希望能享受红利购买价廉物美、有高附加值的高科技进口商品。但是,进博会只展不销,进博会后市场后续的同款商品依然不多。进博会作为我国首个以进口为主题的国家级展会,仍然是以商品展示为主,其交易形式是以采购商下单、供应商接单的B2B模式为主,难以满足人民群众对国外商品的即时需求。尽管进博会意识到了这一问题并采取了相应的措施,比如实行"6天+365天"的延展模式,并明确虹桥进口商品展示交易中心作为主平台,但是也以展示为主,交易功能相对较薄弱。此外,调研也发现,从数量和规模上看,进驻虹桥进口商品中心的参展品牌不多,与实际参加进博会的品牌数量相距甚远。

二是"展品变商品"环节有待完善,进博会促进国内大循环仍缺少关键一环。当前,进博会展品通关便利基本实现,"保展互转"较为顺利,但"展品变商品"依然不够流畅。调研发现,市民购买需求强烈,但展品不能销售(保税),进博会"展品变商品"的供给体系不畅,市民购买需求得不到满足。在形成购买欲望和达成交易现实的全过程中,消费者缺乏全方位了解商品的有效渠道,参展商品面对大众消费者的买卖交易环节不够完善,使得进博会的溢出效应受到制约。此外,调研发现,进博会展品投放到国内进行销售的流程复杂,进博会展品配套销售渠道、品牌建设力度不够,国内市场对进博会展品购买需求不能得到充分满足。

三是进博会国家馆商品交易功能较弱,全球供需匹配度尚需提升,"双循环"链接功能有待增强。"6天+365天"常年展示交易平台是进博会为发挥溢出效应、为展商和观众的长期交流提供平台。调研发现,在参加过首届进博会的企业中,只有13%的参展商入驻了"6天+365天"常年展示交易平台。此外,调研发现,第二届进博会延展体验单薄,参加延展的观众约85％为上海居民,国内外参展观众的比例较低,且市民对进博会延展满意度不高。观众从展览中或许可以得到新奇感,但较难切实体会到获得感,消费通道不够通畅。参与调研的参展商在对"展后我司将入驻进博会'6天＋365天'常年展示交易平台"题项的打分仅为3.65分,表明参展商在进博会结束后继续参与的意愿不强,众多展商依然只把重点放在展会期间,并没有意识到展会的后续溢出效应的好处。

(三) 全球客源市场有待拓展,更为宽广的国际大循环市场共享体系有待形成

一是进博会客源市场范围较为局限,制约了进博会对全球市场的溢出效应。进博会参展企业以"一带一路"沿线国家和发展中国家为主,在发达国家中的影响力不够突出,制约了进博会对全球市场的溢出效应。从进博会两届主宾国的情况来看,第一届主宾国共12个,其中"一带一路"沿线国家有7个,超过一半。第二届主宾国共有15个,其中"一带一路"沿线国家有11个,超过70％。从进博会国家综合展的国家参展情况来看,64个参展国家中也有一半以上的国家是"一带一路"的沿线国家。进博会对于发达国家的吸引力有待提升,第一届进博会12个主宾国中仅有加拿大、英国和德国三个发达国家;第二届进博会15个主宾国中仅有捷克、法国、希腊和意大利共4个发达国家。此外,在进博会国家综合展的参展国家中也是发展中国家占大多数,发达国家屈指可数。

(四) 海外企业参展意愿不高,进博会促进国际大循环的动力机制有待打造

一是外商对综合展的参展意愿不高。调研发现,由于细分市场的观众更为专业,外商更青睐垂直细分领域的专业展,以获得更为精准的客户和信息。进博会的综合性较强,外商参展意愿表现不高,甚至带有消极的"应付"情绪。

二是进博会准入门槛高,制约了外商参展热情。从参展的企业方来看,外商有较高准入要求。例如,进博会要求企业、产品"双境外",但外商想要获取的长期享受通关便利等诉求普遍没得到满足。当前,由于疫情的影响,进博会招展以国内为主,国外部分企业有强烈的参展需求,但入境参展受到影响。

三是检测成本等制约了展品向商品的转化。由于奶粉等国内外产品标准的不一致,入境检测严、耗时长等导致制度成本较高。此外,国内市场渠道、品牌建设支持不够,制约了进博会展品转化成商品的比例和规模。

三、依托进博会,打造国内国际"双循环"链接的对策建议

(一) 体制机制创新,增强进博会服务"双循环"的能力

一是从主场外交转化成"市场化的展览会"。上海及有关部门应组建专业化

的招商团队，积极探索市场化的招展模式。疫情期间，政府应对国内参展企业进行补贴，吸引更多优质企业参展。培育更多的进博会体系中的进出口贸易公司、跨境电商等主体，促进跨境贸易集团转成综合类展会平台，提升阿里巴巴等跨境电商的线上线下能力。借助、发挥经销商/贸易商的中介作用，委托、辅助完成展品的入境检验检测，顺利实现展品标准/商品标准的对接和转换，强化渠道与品牌支持，加快推动"展品变商品"。

二是优化、拉长通关便利通道，形成"通关＋展览＋销售"的闭环，打通"保展商互转"环节。打造跨境电商 B2B 出口一体化服务平台。在新冠肺炎疫情影响下，积极推动进博会同步联合跨境电商平台企业开展线上交易。创新进博会线上成交货物的通关、监管方式，实现通关便利。

三是创新进博会统计体系，为进博会增强"双循环"提供针对性支撑。目前，进博会统计口径只是签单金额，并未有效追踪交易后续情况。要强化进博会的后续统计和评估，确保进博会订单的真实有效性和落地实施效果。进一步依托大型政府采购（如 5G 设备等采购）等手段，以政府需求推动、对接进博会产品和服务。

四是优化制度环境，为进博会增强"双循环"提供更好的保障。借鉴香港贸易发展局、新加坡经济发展局等做法，设立常设性贸易发展服务机构，专业化对接进博会，成为虹桥国际开放枢纽的重要功能性新平台。推进建立共治共享企业服务改革模式，在虹桥形成国际贸易信息与服务枢纽，促进进博会溢出带动效应从商品贸易向服务贸易、技术贸易升级放大。进博会展品知识产权冲突问题较为常见，部分外贸公司的侵权严重，可借鉴广交会的经验，开设知识产权办公室，做好线上线下进博会的知识产权的保护与规范。落实"一网通办"与有关管理部门的对接和协调，实现更大范围的"一网通办"。打通参展企业与工商总局等部委的信息，以及小企业与工商总局的信息系统，更为便利地服务进博会参展企业。

（二）优化国际市场布局，提升进博会促进国际大循环的能力

一是充分利用前两届进博会采购商数据，加强精准推介邀请。分析往届成交、海关、信贷等数据，精准招商路演，扩大进博会主宾国覆盖面。将采购基地、产业园区、区域消费中心城市作为重点，巩固传统市场，开拓新兴市场，深化"一带一路"经贸合作，充分发挥进博会的辐射功能。

二是持续放大进博会溢出带动效应，做国内、国际市场的发动机。搭建国际采购平台，构建"买全球、卖全球、惠全球"的进博会网络体系。搭建贸易促进平台,聚焦展品变商品、采购商变贸易商、参展商变投资商、政策变制度和城市形象升级,持续放大进博会溢出带动效应。搭建投资促进平台,举行高效投资促进活动,推动参展商变投资商,推动进博会参展商与本区域载体资源的有效对接,为外资进入中国、投资项目对接合作提供新平台。

(三) 促进"保展商"互转,扩内需、稳运行,完善国内大循环体系

一是创新进口模式,构建进口政策创新的试验田。虹桥进口商品中心应该进一步加强和完善线上交易模式,推动国内市场需求和国外企业供给的匹配度。积极落实、设计操作方案,使展商依托保税物流中心和品汇平台,畅通"保展商互转"体系。以保税展示展销的模式和跨境电商模式方便地实现"展品变商品",真正实现线上、线下、保税仓联动,实现"保展商互转",承接进博会溢出效应最大化。创新进博会展品进口贸易模式,依托虹桥品汇 B 型保税仓,实现仓展销一体化模式,探索、优化、实现前店后库、店库合一的模式。

二是积极打造全球商品进口集散地、首发地和辐射地。例如,以打造绿地全球商品贸易港为核心,为进博会导入海外商品采销、国际贸易、物流仓储、商业零售运营等领域的成熟运营经验和丰富产业资源。以分布在杭州湾、济南、哈尔滨等地的绿地全球商品贸易港为触角和通道,积极辐射全国市场,增强进博会国内链接能力。

三是积极开拓"中转业务",实现业务创新。特别是在新冠肺炎疫情背景下,依托考拉海购、天猫国际、京东等大型企业,加快发展 B2B 跨境电商。在技术标准、业务流程、监管模式和信息化建设、综合税率优惠等方面积极探索创新,实行简化申报和便利通关,为商务、财政、税务、外汇等部门和地方政府配套支持措施提供支点。继续发展 C2C、B2C 跨境电商业务。

(四) 构造进博会增强"双循环"链接的有效途径和抓手

一是复制进博会成功经验及模式到其他城市。推动进博会实现跨区域发展,甚至在合适的条件下开展巡展。例如,上海市国际展览有限公司与重庆市政府共同投资会展服务公司,成功举办"一带一路展名品展"。未来,可以联合中国国际美博会,到成都做好进博会的分站专题。

二是积极推动进博会的产品化、品牌化转变。进博会应主动转型,联动华交会、服贸会、工博会、上海"一带一路名品展"等国内外知名会展活动,紧贴国际贸易热点,针对国内需求,实现错位发展,合力做大"外贸朋友圈",延伸进博会的影响,助力"双循环"育新机、开新局。

三是推动进博会的模块化发展,形成多个细分市场的专业展,在细分市场持续保持热度。例如,设计和推出摄影展、婚纱展、医疗展等更多面向 B 端客户的展会,突出专业性,确保进博会品质,产生更有针对性的经济价值。

四是与阿里巴巴、京东等国内电商平台合作,打破地域限制,进一步激发进博会对跨省跨区市场的带动效应和溢出效应。着重聚焦长三角区域企业,做大进博会"国内朋友圈"。加速打造"一带一路"商务中心和商品展示交易中心,加深与"一带一路"沿线国家经贸往来。

五是采用云上会展的形式,实现线上线下的合作、错位、互补,将中小客户引流到进博会,为中小企业参展提供更为方便和经济的参展途径和方式。国家会展中心要积极采用先进技术,打造全球顶级智慧场馆,为客户提供符合实际需求的一站式智能化服务。通过机场、会展中心、商业配套、产业园、高速、港口、海运等资源的互动与融合,打造创新的会展产业链模式。

第二节　智慧会展,助力上海
会展业战略转型

会展是产业链中的关键环节,其本质是行业或产业发展信息的呈现与对接活动。受新冠肺炎疫情影响,大量全球范围线下会展及活动延期或取消举办,导致众多实体企业无法通过线下活动进行贸易交流。面对外需订单萎缩态势,国家重视并引导实体企业参加线上会展,通过网上洽谈、网上参展等方式主动抓订单,与各国一道确保全球供应链开放、稳定、安全发展,全力稳住外贸基本盘。

2020 年 5 月,上海市与阿里巴巴集团合作成立云上会展有限公司,率先探索线上线下融合的云上会展新业态。云上会展是上海深入贯彻落实习近平总书记重要讲话和指示批示精神,是危中寻机、化危为机的重要举措,也是推动国际会展之都建设、提升城市影响力的关键路径。

一、"云上会展"是未来会展业发展的重要趋势

(一)要积极实现线下会展向线上会展的转型

会展业是配置国际国内资源的重要领域,推进网上办展、云上会展,探索举办网上展销会、订货会等形式帮助企业解决当前存在的困难,不仅是应对疫情挑战、加强产业链稳定性的创新之举,也是行业转型升级的内在需要。

1. 线下会展

传统的线下会展,是在某个固定地点和时间里举办的某个行业或产业链企业供需双方的集体展销活动。传统会展给人更多的体验感和信任感,但无法解

决地域性(会展开始即定位,影响范围不够宽)、时效性(会展结束即消失,场景不能重现)、留存性(会展结束即失效,营销不能持久)等问题,这是传统会展的普遍发展瓶颈和痛点。

2. 线上会展

云上会展,也称线上会展、网上会展、虚拟会展、双线会展(Online and Offline),是充分运用大数据、云计算、移动互联网技术、视频直播等现代信息技术,把参展商和专业观众的洽谈背景由"面对面"转为"屏对屏""线对线"的会展组织形式。云上会展是对线下会展的延伸,是线下会展的衍生产品,突出特点就是"永不落幕",具有参展成本低、用户范围广、高效持久、安全环保等优势。

将线下会展挪到线上进行,不仅是疫情时期整个会展业破局的关键,而且是未来会展业发展的重要趋势。线上和线下融合,线上会展与线下会展互为补充。未来线上会展将利用万物互联的时代特性,创造比传统会展更大的经济、社会效益,也会更好地服务于线下。

3. 应用场景

云上会展应用场景非常广泛,按照对象可以分为 B2C 和 B2B 两种基本形式。具体应用场景主要包括:大型活动(如企业年会、股东大会、产品发布会、演唱会等)、教育培训(如在线课堂、企业内训、远程教育、视频会议等)、营销推广(如财经直播、在线导购、产品推介、拍卖会、金融直播、游戏直播等)、专业领域(如手术领域、VR 直播、视频监控、航拍、卫星直播等)等。

(二)要积极构造智慧会展产业体系

智慧会展是会展业发展的必然趋势和形态。要实现智慧会展,必然经历从线下到线上、从信息化到场景数据化,再到数字化、智慧化的进化历程。

智慧会展的实质是实现会展业的智慧管理和智慧运行,是依托新技术及其所阐发的创新理念和创新可能性,对包括策展、组展、场馆管理和运营、设计和工程、服务和运营,以及公共安全、环保、配套服务及相关活动等在内的,全产业链上的各种资源做出智能配置,对各种需求做出智能响应。该形式主要依托信息技术的应用,具有线上线下数据打通闭环、以人为本、细分产品精准搜索、大数据精准匹配供需、拥有精准数据画像体系的社交服务平台等特征。

从云上会展到智慧会展的推进将遵从四个阶段,即从 O2O(互通)到 OAO(互补)到 OMO(互融)到会展行业大数据应用等,最终形成全方位、智慧化的新型展览和服务模式,这也是对线下会展模式的一种有效补充。

二、上海云上会展面临的问题与瓶颈

(一)上海会展业发展智慧程度有待提升

2019 年 11 月 5 日至 10 日,第二届中国国际进口博览会在国家会展中心(上海)成功举办,采购成果丰硕。我们以实地调研的方式,对参展商、参展观众以及上海市民对第二届进博会的感知进行的调查显示,参展商对进博会线上平台关心不够,导致展会后续效应不够明显。"6 天+365 天"常年展示交易平台是进博会为发挥溢出效应、为展商和观众的长期交流提供的平台。在调研问卷中有两道问题涉及展会后续"6 天+365 天"常年展示交易平台的问题。首先,在"如已参加首届进博会,是否已入驻进博会'6 天+365 天'常年展示交易平台"这一问题中,我们看到在参加过首届进博会的企业中,只有 13% 的参展商入驻了常年展示交易平台,87% 的参展商没有,而且在这 87% 的展商中很多展商表示并不了解这一交易平台。其次,参与调研的参展商,在对"展后我司将入驻进博会'6 天+365 天'常年展示交易平台"的打分仅为 3.65 分(满分 5 分,下同),参展商在进博会结束后继续参与的意愿不强,众多展商依然只把重点放在展会期间,并没有意识到展会后续溢出效应的好处。

(二)云上会展盈利模式不够成熟,主办方面临巨大挑战

一是盈利模式尚未形成。云上会展主办方通过策划线上活动,制定线上会展产品,实现线下损失的业务转移到线上,取得客户认可和信任,为未来线上线下联动做准备。但是,从主办方策划的会展产品来看,由于上半年很多企业宣传需求迟迟没有得到满足,因此在宣传角度上,多通过线上免费平台的直播或录播帮助参展企业达到宣传目标,盈利模式没有形成,发展可持续性堪忧。

二是对主办方线上能力的挑战越来越大。对于参展商来说,对线上活动方案的诉求逐步提高,尤其是对简单推荐会交流会以外,对多元化、智慧化会展产品需求日益增加。此外,观众在线上停留时间比线下会展大大缩短,且体验度较差,如何延长观众停留时间、增强观众体验度,成为巨大的挑战。

三是对于会展系统搭建方来说,短期来看,目前在观众观展黏性不强的情况下,一般使用外部平台来做直播,但是这种方式会带来数据泄露给第三方平台的风险。在不断优化第三方平台未来的 B 端能力的同时,形成了对系统搭建方的潜在威胁。此外,第三方平台越强,对主办方来说,越担心数据使用造成未来的数据壁垒问题。由此,诸多云上会展或大型线上直播,不太敢频繁使用第三方平台。

四是原本会展体系中的搭建方、专业活动运营公司等受到非常大的冲击。海外的很多活动将会考虑不再投入大量线下产品,同时会展专业领域的科技公司、数据公司、场景设计公司越来越强。两极分化中的产业链低端、无壁垒的企业越来越难存活,还会造成就业方面的诸多问题。

五是云上会展平台良莠不齐。例如,一些 B2C 直播软件使用"人次"来衡量参与的观众人数,少数具有自然吸引力的平台(如京东、抖音等)同样使用"人数"来衡量参与的观众人数,而 B2B 云上会展也一般使用"人次"来计数,其数据质量的优化和提升还有很长一段路要走。

六是云上会展对线下会展企业造成巨大冲击。线下需要进行更多线上产品的引入,如通过 KOL 线下打卡来增加流量、通过线上线下联动来拓展潜在观众市场等方式。而这些线上资源如何通过活动实实在在触达到主办方和参展商利益层面,这其中的盈利模式和商业模式还不够明确。

(三) 云上会展产业链系统性构建不足

云上会展不仅包括云上会展数字基础设施,还需要充分运用人工智能、云计算、大数据等技术,打造数字化虚拟展馆,进行实时互动交易、智能商贸洽谈、全链路参会体验,构造会展生态服务、行业大数据资讯等平台,逐步打造系统化的云上会展业体系。但是,云上会展生态圈和模式尚不健全,云上会展健康生态需要完善。

一是会展主体资金投入不足。智慧会展的发展在前期需要大量的资金和人力物力的投入,但目前上海很多会展主体不愿花费高昂的前期投入,使得智慧会展的发展缺乏物质基础。即使有少量的会展企业愿意进行大量的前期投入,但单方面也没有这样的实力。此前,会展各方往往独立发展、单线作战,没有形成合作伙伴关系,对会展业未来的发展考虑不够。

二是信息系统构建不足导致会展业整合不够。会展本身可以极大地聚集人气,这使其能够成为一个巨大的信息库,但如何整合和共享会展的资源,是上海会展业与信息科技结合所需要急需考虑的问题。

三是场馆智慧化水平低。会展场馆建设智慧化水平较低,存在监控点设置不合理、控制精度低、操作不方便、系统应用不合理等问题。我们关于进博会的调研也显示,5G 信息化服务优势尚未得到充分展现。一方面,参展商对这 5G 服务并不敏感。参与调研的参展商对"现场 5G 服务优势明显"的打分仅为 3.54 分,许多参展商都表示对 5G 服务不了解,或者 5G 速度并不够快,服务优势并不明显。另一方面,参展观众也普遍对 5G 的感知较低,参与调研的参展观众对

"我感受到了 5G 技术为展会带来更多便利"这一项打分较低,仅有 3.47 分。在问及原因的时候,大部分参展观众表示,并不了解 5G 技术或是没有真正体验到 5G 技术。

(四)云上会展专业人才匮乏

现代会展业是一个涉及面广、政策性强、专业化程度高的产业,对专业人才和复合型人才的需求量大。目前,上海市高等院校中开设会展本科专业的较少,专业人才匮乏成为制约上海市会展业进一步发展的主要瓶颈。

会展业工作人员中会展专业毕业的人员较少,大部分为会展相关专业毕业生或非专业"半路出家"的员工。大部分教师并不是专业的会展人士,自身的学术造诣有限。这些从业人员虽然有一定的实践经验,但专业底子薄,对国际会展运作模式也不够了解,造成展览公司资质差,会展水平普遍不高,不利于上海会展业进一步的发展和提升,也不利于上海会展智慧化提升。

(五)政策扶持和支持力度亟待提升

一是政府对会展扶持力度不足。政府对于智慧会展在资金、技术人才和政策方面的支持还远远不够。智慧化的发展前期无疑会对会展企业带来沉重的经济压力,这使得很多企业被迫放弃或少量引进高新技术,不利于智慧会展的快速发展,阻碍了上海会展业向智慧会展发展的步伐。

二是城市借力仍待加强。近年来,为进　步提升城市管理水平,《上海市推进智慧城市建设"十三五"规划》提出,要"创建面向未来的智慧城市",在不同方面提出了具体的建设目标和路径。遗憾的是,上海会展业并没有与"智慧城市"的发展进行紧密的结合,寻找发展助力,并助力上海智慧城市建设。

三、上海云上会展发展对策建议

云上会展不是权宜之计,它的发展未来可期。上海会展业未来需要进一步转向智慧会展,形成强大的新型会展产业链格局,成为"智慧城市"发展的有机组成部分。

(一)联动城市,打造智慧城市

找准抓手,实现智慧会展的充分借力。上海要注重城市智慧化建设,在智能交通、智慧城市管理、智慧教育、智慧旅游等一系列重点项目的带动下,进一步提升会展业智能化水平。加速云上会展、智慧会展与"智慧城市"的结合,使其成为"智慧城市"发展的有机组成部分,实现上海会展业向智慧会展的转型。

（二）积极推动政策法规落地

一是积极推动政策法规落地。2020年3月19日，上海市十五届人大常委会第十八次会议表决通过了《上海市会展业条例》，这是全国首部会展业领域的地方性法规。该法规将为规范众多会展活动，特别是为服务保障中国国际进口博览会，助力上海打造国际会展之都，提供坚实的法治保障。要采取切实有效的措施，找准抓手，积极推动政策落地，提升进博会的智慧化水平。

二是云上会展、智慧会展本身是大平台、大战略的市场行为。政府或者以政府为背景的组织，要成为推动会展发展的主力军。可以考虑在政府有关部门的推动下，构建"智慧会展建设产学研发展中心"，通过政策和顶层的意识和力量来推动实施，建设起产业发展的大数据中心和共享平台，积极推动该平台被会展业市场化利用。

三是优化云上会展营商环境。抓紧研究将促进会展业发展的经费纳入市区两级财政预算，吸引境内外各类会展企业在本市设立总部并给予相应优惠，支持打造具有国际竞争力的大型会展市场主体等工作。

（三）及时出台应对性政策措施

一是鉴于疫情期间云上会展产品服务售卖业务较多、参展商购买意愿较低的情况，建议出台有关政策，进行产品补贴，提升交易规模。

二是鉴于疫情期间大企业缩减市场预算、中型企业直接解散不赚钱的业务部门、小微企业无法参展的情况，对于小微等企业参加市场化会展（非政府型会展）应有所补贴。例如，出台类似于"文创50条"的政策，通过补贴协会或者所属行业的企业，更多地从线上的角度来补贴他们，使其了解线上参展的补贴政策，有利于疫情恢复后的贸易交流。

三是应加大对于智慧会展建设的支持力度。有关部门要积极鼓励积极创新，引导会展行业向智慧化发展。在政策上对于智慧会展有所偏重，对举办智慧会展的主办方和生产供应商减免税费。要重视高校对于会展人才的培养，为行业人才的引进牵头。

四是推动各个主体加大合作，增强资金投入。政府要加大补贴力度，进行资金支持。主办、承办与参展方要加大筹办预算，场馆要加大对于智慧场馆建设的投入，各方的支持行业也要进行对自身领域的升级（如物流和搭建等）。

（四）找准抓手，提升会展业智慧水平

一是加强会展场馆信息化建设。会展场馆的信息化服务水平已经成为会展

主办方选择场馆的主要依据。上海应大力推进会展场馆信息化建设,成立专门信息数据中心,负责协调其他各子系统功能模块,将各部门需要收集的展览行业信息集中到一起,包括展览场馆的信息、专业会展信息、参展商和厂商信息、观众信息以及展览服务商信息。数字媒体控制系统也是信息化建设中一个非常重要的子系统,该系统能够满足大型场馆的显示需求,并将多种显示终端集成起来,实现数字网络化管理。

二是打造会展业智慧化管理平台。上海应努力打造会展业智慧化管理平台,积极推进会展政务智慧化。利用智慧化信息技术及互联网模式,打造现场演示、触摸体验、信息交流、网上预约、手机上网等多个链接交换平台,实现销售一体化无缝连接,方便参展商实时掌握动态化会展信息,并有针对性地制定营销方案,实现参展企业产品与公共信息之间的有效互动。

(五)积极打造品牌智慧会展

一是力求将云上会展打造成为引领全球的风向标、创新与科技带动会展品牌经营的倡导者、国内外企业市场拓展的助推器、城市形象和文化品位的承载体。

二是借助阿里巴巴的技术力量,打造中国乃至世界云上会展品牌和"云上会展产业生态圈",为会展全产业链企业提供一个线上免费开放的交流合作新平台。打造中国乃至世界"云上会展经济"创新模式,利用进博会和会展主题跨界融合文化、旅游、招商和健康产业,打造上海城市新经济和新名片。

第三节　越办越好,进博会持续增强
双循环发展新格局

2021年11月5日至11月10日,第四届中国国际进口博览会在上海成功举办。我们设计了面向参展商问卷,以实地调研的方式,对参展商对第四届进博会的感知进行了调查,并与新冠疫情之前的第一届、第二届进博会进行对比分析。此次调研共获得有效调查样本118份,涉及参展商来源地、展品类别及参展目的等基本信息,参展商的展前、展中及展后三方面的参展体验评价信息,较为全面地反映了参展商对进博会的观点。调研显示,第四届进博会品牌效应与溢出效应进一步放大,丰富了双循环发展新格局的内涵。但是,进博会服务短板隐现,未来进博会要找准抓手,打造"线上进博会"新品牌,精准提升进博会办展水平,有力推进国际国内双循环发展新格局的形成。

一、线上线下办展同获好评,进博会效应进一步凸显

(一) 参展商对进博会各项服务、设施以及参展体验的满意度显著提升

从第一届到第四届,进博会品牌效应与溢出效应进一步凸显。尤其是,在新冠肺炎疫情下,第四届进博会继续以开放姿态吸引了众多国内外顶尖企业共同参与,推动促进国际之间的贸易文化交流互通,为各行业友好交流提供一个开放包容的国际平台。

第四届进博会展前、展中、展后各项服务与设施都赢得了参展商的高度评价,各项评分均超过了 4.3 分(满分 5 分,下同),均达 4.39 分。其中,参展商对展后交易以及参展反馈的评分普遍高于展前和展中环节。展前环节中,进博会

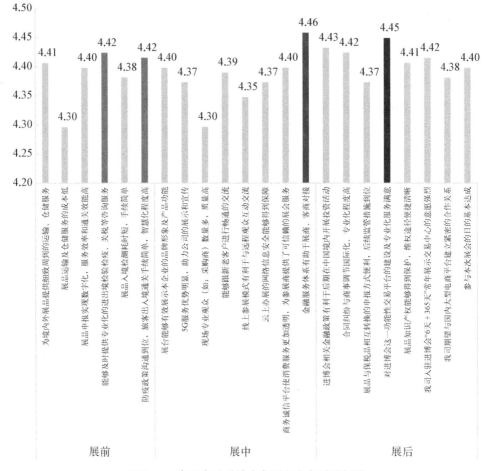

图 7-2 参展商对进博会各项服务与设施评价

"能够及时提供专业化的进出境检验检疫、关税等咨询服务"以及"防疫政策沟通到位,旅客出入境通关手续简单,智慧化程度高"获得高度评价,达 4.42 分,说明新冠肺炎疫情时期第四届进博会的防疫措施获得了参展商的广泛认可。展中环节中"金融服务体系有助于展商、客商对接",以及展后环节中"对进博会这一功能性交易平台的建设及专业化服务满意",均获得了参展商的高度认可。

(二)兑现了"越办越好"的承诺,赢得了参展商更高的评价。

相较于首届及第二届,第四届进博会如期兑现了"越办越好"的承诺,赢得了参展商更高的评价。通过比较首届、第二届以及第四届进博会调研相同的题项可以发现,参展商参加进博会的目的达成度逐年提升,相较于第一届,参展商在第四届进博会目的地达成度提升了 6.42%,相较于第二届则提升了 3.54%。参展商"对进博会这一功能性交易平台的建设及专业化服务满意"愈发满意,相较于首届进博会,满意度提升了 7.64%,相较于第二届提升了 4.23%。

在金融服务体系、5G 服务、合同纠纷与商事调节的国家化与专业化等方面,参展商的满意度也逐年提升。其中,相较于首届,参展商入驻"6 天+365 天"常年展示交易中心的意愿更强,增长了近 25%。对金融服务体系的满意度更高(达4.45 分),提升了近 15%。参展商对"合同纠纷与商事调节的国家化、专业化"的满意度愈发提升,相较于首届提升了 6.78%,相较于第二届也提升了 2.80%。

2019 年以来,5G 在全国逐渐普及,在第二届进博会,参展商对"5G 服务优势明显"评价不高(仅为 3.54 分),这一点在第四届进博会得到了明显改善,参展商关于 5G 服务的评价显著提升,增长了 23%。

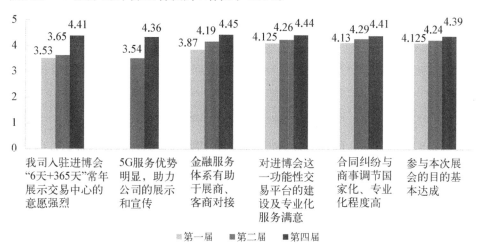

图 7-3 第四届进博会赢得参展商更高的评价

(三) 进博会回头率高,展后溢出效应显著

当前,进博会联通中国与世界,逐渐成为全球共享的国际公共产品。连办四届,参展商的回头率越来越高,越来越多的参展商表达了入驻"6 天+365 天"常年展示交易中心的意愿。根据第二届进博会的调查结果,有 47.37% 参展商参加了首届进博会,只有 13% 的参展商入驻了"6 天+365 天"常年展示交易中心。第四届进博会中,高达 71.19% 的参展商参加过进博会,且这些参展商有更好的入驻进博会"6 天+365 天"常年展示交易中心的意愿(达 4.45 分),而此前没有参加过进博会的参展商入驻意愿则较低(仅为 4.32 分)。这表明,进博会为各参展商带来了优质的参展体验,为各国、各地区企业带来了丰硕的成果。

第四届进博会参展商参加此次展会的目的基本达成,该项评分为 4.40 分。与国内大型电商平台建立紧密合作的期望值高(4.38 分),入驻进博会"6+365"常年展示交易中心的意愿强烈(4.42 分)。可见,参展商对第四届进博会的反馈评价很高,展后的溢出效应也非常显著。

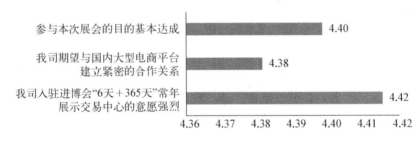

图 7-4 第四届进博会溢出效应愈发显著

(四) 检疫防疫措施落实高效到位,云上办展获好评

在新冠肺炎疫情下,上海市凭借卓越的公共管控能力,在防疫政策沟通、出入境手续的便捷性与智慧化、出入境检疫等咨询服务等方面获得了参展商较高

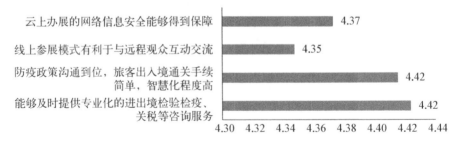

图 7-5 检疫防疫措施落实到位,云上办展获好评

的评价。在第四届进博会上,首次采用了三维建模、虚拟引擎等数字化手段线上举办国家展,为约 60 个国家搭建了虚拟展厅。同时,对网络信息安全提供了有效的保障,参展商对此评分达 4.37 分。

二、提升参展体验,完善"越办越好"的长效机制

(一) 服务短板隐现,进博会线上服务水平需提升

一是进博会兑现了"越办越好"的承诺,但是,参展商在展前"展品运输及仓储服务的成本低"、展中"现场专业观众(如采购商)数量多,质量高"等方面评价较低(仅为 4.30 分)。进博会在展品运输商由于面对全球参展商,需求复杂,需要进一步针对参展商提供针对性、个性化服务。疫情防控措施,以及突发事件则可能影响了现场专业观众的数量和质量。

二是虽然参展商对进博会这一功能性交易平台的建设及专业化服务满意较高(4.45 分),但是,参展商进博会目标达成度(4.40 分),依然有提升的空间。当前,只有 61.86% 的参展商反馈已与国内电商平台建立合作,且拥有线上销售渠道。根据参展商的目的,强化参展商与国内企业的合作,打通国际大循环,无疑将进一步提升参展商目标达成度。

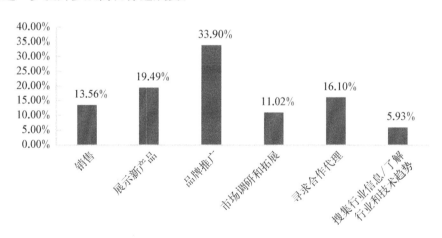

图 7-6　参展商参加本次进博会的主要目的

三是参展商与远程观众交流不够。线上参展模式打破了空间的界限,降低了新冠肺炎疫情对公共外交与民间外交的影响,但是,关于"线上参展模式有利于与远程观众互动交流",参展商评价不够高(4.35 分)。因此,云上办展对进博会主办方线上能力的挑战越来越大,如何延长观众停留时间、增强观众体验度,

成为巨大的挑战。对于参展商来说,对线上活动方案的诉求逐步提高,尤其是对简单推荐会交流会以外,对多元化、智慧化会展产品需求日益增加。

(二)各方评价差异性明显,进博会需要提升精准化服务水平

一是非本地参展商评价较低。从不同来源企业的评价来看,上海市参展商对进博会各项评价分值都高于总样本均值,我国非上海市、港澳台等地参展商各项评价均低于总样本均值。尤其是大陆其他地区,对展前以及展中各项服务、设施评价相对较低。这些地区的参展商对"展品运输及仓储服务的成本""现场专业观众的数量与质量""进出境检验检疫、关税等咨询服务的专业性""防疫政策的沟通效果,旅客出入境通关手续的便捷性"等七个方面的评价分值都不高于4分。进博会及其有关措施的国内、国际宣传力度有待加强。

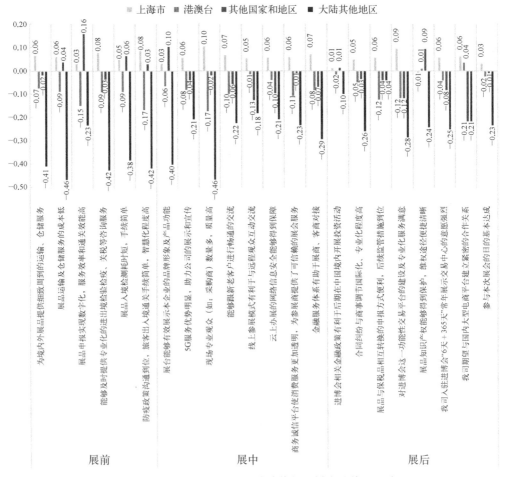

图 7-7 不同地区企业的评价分值与总样本均值的差值

二是在华外资企业、合资企业参展商评价偏低。从不同性质企业评价来看，私营企业的评价均高于总样本的均值，在华合资与外资企业对各项服务与设施的评价普遍低于总样本的均值。尤其是在华合资企业对展前的服务与设施评价、展中的效果评价相对较低。其中，在华合资企业对"展台展示企业品牌形象与产品功能的效果"的评分为4分，低于总样本均值近0.4分。在华外资企业对"展品运输及仓储服务的成本低""展品入境检测耗时短，手续简单""现场专业观众数量多、质量高"题项的评分约为4分，低于总样本均值近0.3分。

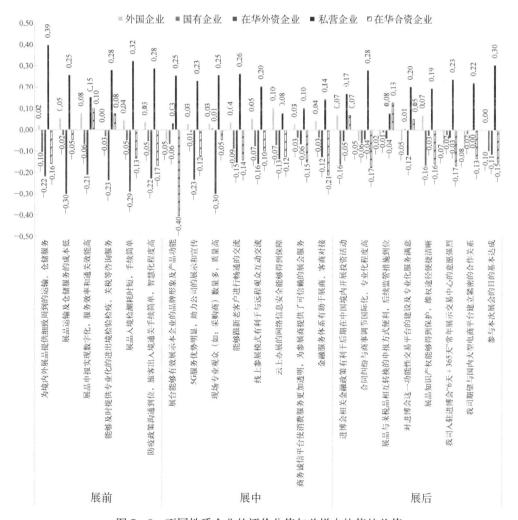

图7-8　不同性质企业的评价分值与总样本均值的差值

　　三是在汽车、智能及高端装备等参展商评价偏低。从不同展品类别企业评价来看,展品为汽车、智能及高端装备、消费电子及家电的参展商对进博会的参展体验评价较低。其中,展品为汽车与智能及高端装备的参展商,各项评分均低于 4 分,大多题项的评分相较于总样本均值,其差值至少有 0.5 分,尤其是在进博会的国际化、专业化等方面。这也导致了这一类型企业,对展后"入驻进博会'6 天+365 天'常年展示交易中心""期待与国内大型电商平台建议合作"以及"参展目的的达成"三方面的反馈评分较低。

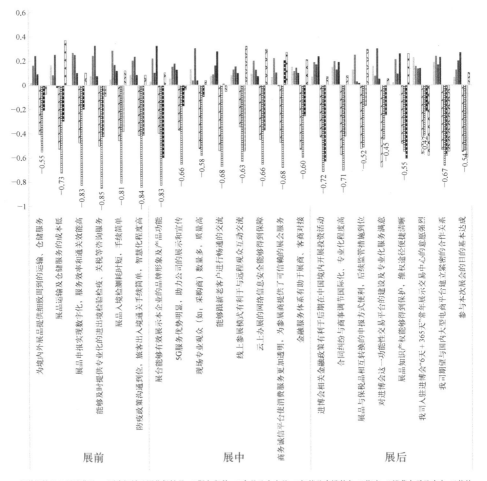

图 7-9　不同展品类别的企业评价分值与总样本均值的差值

　　四是以品牌推广为主要目的的参展商评价偏低。从不同参展目的企业评价来看,以品牌推广与销售为主要目的的参展商的参展体验相对较差。

其中,以品牌推广为主要目的的参展商评价更差一些,评分多不高于4.2分,低于总样本均值0.2分左右,表明进博会对于参展商品牌推广所起作用不足。以销售为主要目的的参展商评分略差,评分大多在4.3分左右,与总样本均值的差值大多不足0.1分。以品牌推广为主要目的的参展商,在"与国内大型电商平台建立紧密合作关系"方面与总样本均值的差值最大,相差了0.28分。

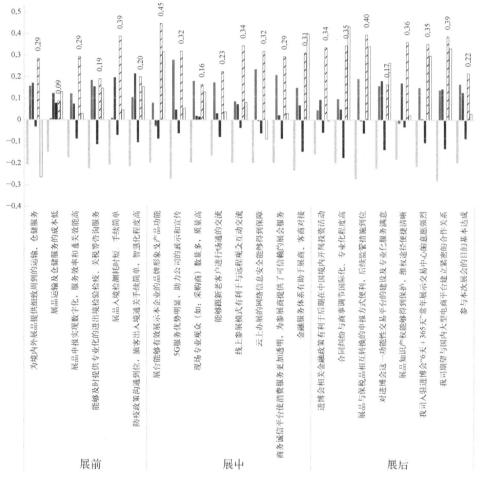

图7-10 不同参展目的的企业评价分值与总样本均值的差值

(三)进博会"粘性"不够,进博会要完善配套服务水平

一是与进博会联系较弱的参展商体验感相对不高。首次参加进博会的参展

商满意度低于重返的参展商。第二届进博会参展商对"若有机会,我愿参加进博会,希望进博会进一步开放"的评分达 4.48 分。根据第二届进博会抽样调查,重返参展商占 47%。到了第四届,重返参展商占比增长到了 71.19%,且其参展体验评分达 4.20 分。首次参加进博会参展商对各项服务与设施的评价分值普遍低于重返的参展商的评分,尤其在"金融政策有利于参展商在中国境内开展投资活动""合同纠纷与商事调解的国际化与专业化程度"以及"展品与保税商品相互转换申报方式的便利性、后续监管措施到位"等方面评分更低,相差更大。

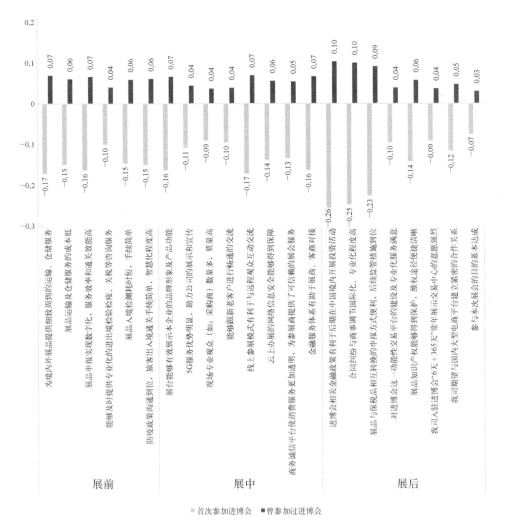

图 7-11　首次、非首次参展企业的评价分值与总样本均值的差值

　　二是未入驻"6 天＋365 天"常年展示交易中心参展商体验感相对不高。调研显示,入驻"6 天＋365 天"常年展示交易中心的参展商与日俱增,未入驻参展商入驻意愿较高。从首届到第四届,参展商对入驻"6 天＋365 天"常年展示交易中心的意愿逐年提升,由首届的 3.53 分到第二届的 3.65 分,直至第四届显著提升至 4.41 分。根据第二届调查结果,仅有 13％的参展商已经入驻进博会"6 天＋365 天"常年展示交易中心,到了第四届,则高达 55.42％,参展商入驻意愿明显获得了提升。

　　在第四届进博会的参展商中,未入驻参展商对各项参展体验的评分明显低于已入驻的参展商。尤其是在"现场专业观众的数量、质量""与新老客户的畅通交流""云上办展的网络信息安全保障"以及"参展目的的达成"等方面评分相对较低。同时,未入驻参展商入驻意愿评分为 4.11 分,比已入驻参展商的评分低

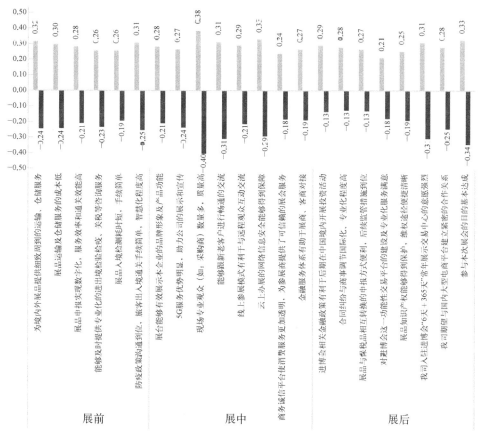

图 7 - 12　已入驻、未入驻"6 天＋365 天"企业评价分值与总样本均值的差值

了 0.61 分。

三是未与国内大型电商平台合作的参展商体验感相对不高。未与国内大型电商平台合作的参展商参展体验评价较高,但低于已建立合作参展商对参展体验的评分。尤其是在"展品申报的数字化、服务效率以及通关效能""现场专业观众的数量与质量""合同纠纷与商事调解的国际化与专业化程度"以及"参展目的的达成"等方面。这些原因也导致其展后"入驻进博会'6天+365天'常年展示交易中心"以及"与国内大型电商平台密切合作"的意愿相对更低。可以发现,未与国内电商平台建立密切合作的参展商在"5G服务优势明显,助力公司的展示和宣传"方面评分略高于已建立合作的参展商。

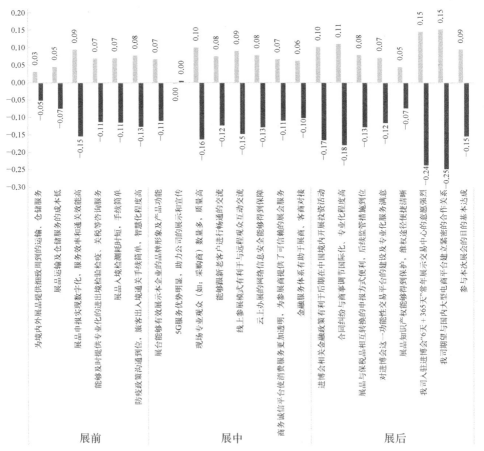

图 7-13　与电商平台已合作、未合作的企业评价分值与总样本均值的差值

三、持续增强进博会效应的对策建议

(一) 分类服务，找准抓手，精准提升进博会办展水平

一是针对非本地参展商，强化宣传。增强国内外参展商对进博会，以及有关政策措施的认识和认知。

二是针对在华外资企业、合资企业参展商，积极为其创造条件，提升其展台展示效果；采取多种方式，助力降低其展品运输及仓储服务的成本低；积极创新政策，简化手续，缩短其展品入境检测耗时。

三是针对汽车、智能及高端装备等参展商，进一步邀请影响力较大的国际企业参展商，提升该业务领域的专业化水平。

四是创新政策措施，激励参展商入驻"6 天＋365 天"常年展示交易中心，参加下一届进博会，强化参展商与进博会的联系，增强进博会对参展商的"粘性"，"全时空、全天候"发挥进博会的功能。

五是允分利用国内大型电商平台，促进"保展商"互转。积极落实、设计操作方案，使展商依托保税物流中心和品汇平台，畅通"保展商互转"体系。以保税展示展销的模式和跨境电商模式方便地实现"展品变商品"，真正实现线上、线下、保税仓联动，实现"保展商互转"，承接进博会溢出效应最大化。创新进博会展品进口贸易模式，依托虹桥品汇 B 型保税仓，实现仓展销一体化模式，探索、优化、实现前店后库、店库合一的模式。积极开拓"中转业务"，依托考拉、天猫国际、京东等大型企业，加快发展 B2B 跨境电商。

(二) 紧抓契机，打造"线上进博会"新品牌

一是抓住契机，进一步打造"线上进博会"这一新品牌。在新冠肺炎疫情常态化防控阶段，线上线下展会融合是未来的发展趋势。要积极网上办展、云上会展，创新云上进博会形式和路径，增强参展商获得感。打造中国乃至世界"云上会展经济"创新模式，用进博会和会展主题跨界融合文化、旅游、招商和健康产业，打造上海城市新经济和新名片。

二是采取多种途径和方式，鼓励可达的国内专业观众参与线下展会，邀请各国专业观众参与线上展会，进行沟通与交流。打造中国乃至世界"云上会展产业生态圈"，为全球参展企业提供一个线上免费开放的交流合作新平台。

三是提升网络信息安全的技术，增强参展商对"线上进博会"平台的网络安全信心；充分发挥 5G 服务优势，创造顺畅的线上参展、交流讨论环境。

（三）面向国际，提升政策与服务水平

进一步放大进博会的溢出效应，要从政策与服务水平两方面发力，面向国际，营造国际一流的营商环境，完善外商投资等方面的法律规范，切实维护参展商的权利，创建公平竞争的国际竞争环境。

一是精准对接参展商，协商仓储时间，降低仓储成本。联系国际运输企业，达成长期合作机制，降低运输成本。

二是加强各流程的智能化与标准化水平，创建高效的出入境检测流程。积极完善展品与保税商品相互转换的申报方式，以及后续监管措施。

三是在开设论坛基础上，搭建同行业与跨行业沟通交流的线上线下平台，增强行业内部与行业之间的信息传递与交流。

第八章 发挥进博会平台效应，助推全球城市建设

第一节 积极建设"国际会展之都"

会展经济，缔造着城市和产业的未来。在上海，每天都有不同名目的会展活动开幕。上海国际车展、中国国际数码互动娱乐展览会、上海时装周、上海双年展、上海书展……这些都是人们耳熟能详的会展品牌。会展在一些人眼中成了城市文化旅游活动的代名词，甚至成了大家争相"看热闹"的游园会。然而，建设全球城市更要"看门道"，要关注会展背后的平台效应、资源配置优化等重要功能。正是靠着丰富多彩的会展活动，会展经济短短数日内就能为资源和需求主体牵线搭桥，彰显着一个个城市的发展维度和未来。

2018年德国汉诺威工业博览会落下帷幕，有人从中洞悉世界工业发展二大潮流，有人感受到了一场魔幻的"科技之旅"，有人觅得中国制造的机遇……对志在建设卓越全球城市、"举全市之力"办好进博会的上海而言，这个"世界工业第一大展"还有一个重要的看点——会展经济。

一、上海会展经济进入"加速跑"时代

会展业与旅游业、房地产并称"世界三大无烟产业"。会展经济是以会展业为支撑，通过举办展览、会议和节庆活动，形成信息流、资金流、物流、人流，从而创造商机，为当地提供大量就业机会，并带动若干相关产业发展的一种经济现象。由于其具有高效性、带动性、综合性、聚集性、科技性、互动性等多重效应，被视为"经济发展的加速器和助推器"，又被称为"触摸世界的窗口"和"诱人的城市面包"，正越来越被世界各国所重视。如德国的汉诺威、英国的伦敦，都是著名的会展城市。

林立的展馆，丰富的主题，拥挤的人潮，科技派、国际范儿，是上海会展活动的生动写照。然而，会展在一些人眼中只是城市文化旅游活动的代名词，甚至成

了大家争相"看热闹"的游园会。其实,我们更要"看门道",关注会展背后的平台效应、资源配置优化等重要功能。正是靠着丰富多彩的会展活动,会展经济短短数日内就能为资源和需求主体牵线搭桥,缔造着城市的未来。

思想有多远,目光就有多远,脚步就能延伸多远。近年来,上海大力增强城市核心功能,积极推进"国际会展之都"建设,会展经济进入"加速跑"时代。2017年上海展览业直接带动相关产业收入超过 1 200 亿元,会展经济"领跑"全国。目前,全市可供展览面积已超过 100 万平方米,位列全球主要会展城市第一。据国际展览业协会调查显示,全亚洲一半以上的 B2B 展会净面积在中国,其中上海展览数量和展览面积等多项指标均居国内首位、跻身世界前列。

二、进口博览会是上海品牌实力的"秀场"

卓越的全球城市必须具备强大的品牌影响力。打造上海的城市品牌,就是打造出一座城市最具识别度、最能体现综合实力的标志,要融入城市精神,与城市的气质和品格融为一体。

中国国际进口博览会,是上海展示城市形象、打响城市品牌的最好舞台,也是一次全方位体现上海品牌实力的"秀场"。把全世界优质产品和服务贸易通过高效、便捷、安全的方式展示在世人面前,这是"上海服务";进博会所带来的商品流、人流、信息流的大增,是打造"上海购物"、提振"上海制造"的绝佳契机;而进博会本身所具有的影响力,又将把"上海文化"这张"金名片"擦得更亮……

进博会通过多元化的"会"与"展"实现平台和交流功能,来自全球的客人在这里相遇相识,并描绘绚丽多彩的图景。机遇不仅是"机",更是"遇",抓住了、用好了,才不负时代的馈赠、历史的青睐。以举办进博会为契机,上海在建设高水平的公共服务体系,增强展览业核心竞争力,打造透明、公平、高效的展览市场环境,健全展览业政策扶持体系,加快探索形成具有上海特色的城市会展模式五个领域下足"绣花"功夫,"快干""实干""会干",上海 2020 年基本建成国际会展之都。

第二节　着力打造卓越全球城市

办好有分量的会展关乎于城市形象的塑造,而比狂欢与热闹更重要的是会展所带动的城市资源配置能力的提升。2018 年 11 月 10 日,首届中国国际进口博览会圆满收官。这是世界上第一个以进口为主题的国家级博览会,汇聚巨大的信息流、技术流、商品流和人才流,不仅意味着各行业在开放潮中,在产品、技术、生产、营销等诸方面获取比较优势，而且有利于优化配置资源，增强上海面向周边地区的辐射力和影响力。

第一届进博会期间，来自172个国家、地区和国际组织的3 600多家企业参展，超过40万名境内外采购商前来"买买买"。5 000多件首展商品，让不少境内外客商在进博会上"满载而归"，累计意向成交额为578.3亿美元（约合人民币4 022亿元）。其中，智能及高端装备展区成交额最高，为164.6亿美元；汽车展区成交额为119.9亿美元；医疗器械及医药保健展区成交额为57.6亿美元。进博会成为大量智能制造技术的"首秀场"，高通、特斯拉、发那科、霍尼韦尔、博世……这些顶级的制造企业将带来高端机器人、智能工厂、可见光通信技术、物联网技术、"智慧机床"等最新研发的高科技产品，为我国高科技产业发展带来了强大动力。

一、进博会绘就卓越全球城市图景

如果说卓越全球城市是背景板，那么进博会就是调色盘。上海预计在2035年基本建成卓越的全球城市。从城市的本质去理解全球城市，核心要素是流动和聚集。因此，全球城市不等同于国际大都市。全球城市必然是全球网络节点城市，具有全球吸引力和辐射力，能在更大范围内聚集优质资源，并向更远的地区、全世界辐射。建设卓越全球城市，上海要突破资源集聚式的发展理念，转向以外部网络的连接为主导，注重城市平台功能、连接功能、服务功能的形成和提升。

上海离卓越的全球城市目标远景还有一定距离。进博会启动"6天＋365天"常年展示交易平台建设，通过平台专业的服务，打造"永不落幕"的博览会，帮助全球商品进入中国市场。这不仅大大增强上海的节点城市功能，充分放大其带动效应和溢出效应，而且借助高效流量实现循环增长，实现上海节点功能的综合化和复合化，强化上海的全球资源配置能力。

进博会通过多元化的"会"与"展"实现平台和交流功能，来自全球的客人在这里相遇相识，在卓越全球城市背景板上描绘绚丽多彩的图景。进博会强化了彼此之间的联系，大家共商共议、共谋发展、共解难题，在时间、空间、机遇的相互作用下孕育出更多的可能性。进博会设立国家展、企业展，举办系列国际贸易论坛，而且注重实效，打造专业的境外展商服务体系。根据参展商所处行业、主营业务、意向接洽企业等类别与采购商信息进行充分比对，实现参展商与采购商的精准对接，为境外展商提供"一流服务"。

二、进博会是上海的重要"会客厅"

进博会是打造卓越全球城市的服务窗口的重要抓手,也是上海的重要"会客厅"。进博会期间,数十万中外客商云集上海。会议、活动、参观、住宿和接待点环境、服务质量等,让广大海内外客人时刻感受着"上海服务"的温度。

陆家嘴金融贸易中心区、外滩风景区、人民广场地区、豫园地区、南京路步行街地区、国际旅游度假区等会议活动和参观接待点,全市上百家五星级酒店,以及外事活动场所等,都是进博会期间海内外客人和"上海服务"的直接"触点"。将这些"触点"打造成卓越的全球城市的服务窗口,使其成为便捷、友善、舒适度高的魅力"城市会客厅",是打造卓越全球城市关键行动策略之一。

三、进博会提升人才生活获得感

卓越全球城市的特征之一,是人才的聚集。上海要成为一座对各类人才更有吸引力的城市,须营造能够留得住各类人才的社会生活环境。各类人才"留得下",是与他们"生活好"这一点分不开的。

进博会是一个"买全球、卖全球"的开放性平台。以此为契机,引进更多全球优质商品、服务和有实力的零售商、采购商,推进更多国际国内知名品牌在上海首发全球新品。例如,首届进博会上,英荷联合利华参展面积达 600 平方米,把更多进口化妆品和食品带来,让消费者不出国门买遍全球。因此,进口博览会无疑将增强"上海购物"体验度,消费品牌的丰富度、吸引力,推动形成"要购物,到上海"的认识。提升各类人才在沪的工作和生活质量,使其拥有更多的感受度、体验感和获得感,他们的满意,是上海这座城市的吸引力、创造力和竞争力最直接的体现。只有和上海正在推进的"放管服"改革、优化营商环境等举措形成同频共振的联动作用,让各类人才不仅在上海"留得下",而且"生活好",才能形成上海人才环境不可替代的新亮点、新标识,真正使特色更特、亮点更亮,把上海建设成为对各类人才具有更大吸引力的宜居城市。

四、充分放大进博会的溢出效应

建设卓越的全球城市,上海要注重城市平台功能、连接功能、服务功能的形成和提升。"6 天+365 天"常年展示交易平台,不仅将大大增强上海的节点城市功能,充分放大其带动效应和溢出效应,而且借助高效流量实现循环增长,强化上海的全球资源配置能力。

进博会既是上海建设卓越全球城市的机遇,也是对上海的一场测试,检验着城市"绣娘"精细化管理的"针法"与成果。采取"绣花式"精细管理、为参展者提供高效的孵化平台是达成资源配对、产生效益的关键。只有下足"绣花"功夫,用细心、耐心、卓越心"绣"出城市色彩,"绣"出城市温度,才能成就进口博览会独特的气质和高度。也只有注重细节、精益求精,"绣"出城市管理精细化品牌,才能将进博会打造成上海服务"珍珠项链"中最靓丽的一颗"珍珠",展现出上海追求卓越的特殊品质和卓越全球城市形象。

第三节 持续以绣花精神提升进博会效应

历届进博会成果丰硕的交易和采购,是中国推动建设开放型世界经济、支持经济全球化的实际行动。首届进博会期间,我们对参展商、参展观众以及上海市民感知进行了调查,调查采取实地调研的方式进行,在进博会现场及周边随机选取有关调查对象。设计了面向参展商、参展观众以及上海市民的三份问卷,主要获取受访者居住的区域、获取进博会的信息渠道、参加进博会的目的,以及对进博会交通、餐饮、住宿、智能化、志愿者服务等评价信息。共获得有效调查样本121 份,其中参展商 16 份,参展观众 83 份,上海市民 22 份。调查发现,各方对进博会的平台功能及相关服务评价很高,但依然存在些许瑕疵。上海要持续发扬"绣花"精神,创新出台有关举措,不断优化和揠升服务水平。

一、进博会及有关政策服务获得各方高度认可

参展商和参展观众对进博会的功能性交易平台的认可度较高。在对其功能性交易平台的总体评价中,平均得分均超过 4 分(满分 5 分,下同),普遍评价较好。参展商和参展观众对进博会地位及其交易功能表示认可。在谈及是否愿意参加下一届进博会时,参展观众的平均评价更是高达 4.34 分,可以看出参展观众普遍对进博会表示认可,且具有强烈的再参展意愿。

(一)参展商重点关注配套措施的完善和提升

参展商对进博会及相关服务评价很高。尤其是在"进博会充分体现了法治化、国际化、便利化,体现了中国主动开放市场、支持贸易自由化的诚意""旅客出入境通关智慧化,边检咨询服务专业化""展会配套设施完备,安全保护措施完善,环境卫生良好"等方面评价较高,得分分别达到了 4.63、4.44 和 4.31 分。

进博会内容丰富,展品种类丰富多样,涉及方方面面。参展商纷纷表示此次参与让他们接触到了行业前沿信息,认识到自己已经落后太多。参展观众对展

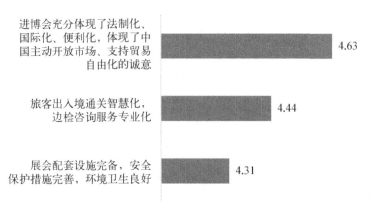

图8-1 参展商对进博会相关服务评价

会现场设计、布展方面反映较好,平均得分达到4.4分。参展商对现场采购商的数量及质量的评价较高,超过4分。参展观众普遍反映进博会展品丰富,对展馆内的设计赞誉有加。

此外,进博会良好的通信服务设施("通信良好,智慧化、智能化水平高,志愿者提供了有效帮助")、商务诚信平台("商务诚信平台使消费服务更加透明,为参展商提供了可信赖的展会服务")、通关效率("货物申报实现数字化,服务效率和通关效能高")、平台建设("对进博会这一功能性交易平台的建设及专业化服务满意")、采购客户质量("现场采购客户数量多质量高,与采购商交流无障碍")等方面均赢得了参展商的好评,得分均在4.0分以上。

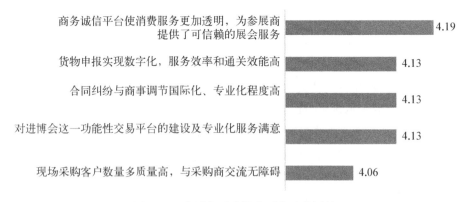

图8-2 参展商对进博会平台功能评价

(二)志愿者服务获得参展观众高度认可

参展观众对于参展体验评价较高。志愿者服务("志愿者服务满意,很好地展现了'微笑四叶草'的志愿品牌")、国家会展中心的场馆整洁度("馆内外干净整洁、卫生状况好")等均赢得了参展观众的高度评价。

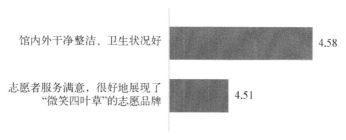

图8-3　参展观众对进博会志愿者服务评价

　　基础设施和展会现场设计赢得了参展观众的青睐。展会现场设计有吸引力、有亮点,布展合理有创意,获得了参展观众的好评(4.40分)。此外,进博会对上海形象传播具有巨大的推动作用,参展观众对上海的形象有了更深的认识("通过政府宣传对上海的形象有更深的认识",得分4.39分)。

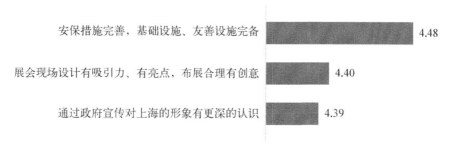

图8-4　参展观众对进博会现场设计及宣传的评价

　　进博会呈现出较高的交易效率。参展观众普遍对进博会这一功能性平台的建设及专业化服务感到满意,且普遍认为自己的参展目的已经达成,并有强烈的意愿参加下一届进博会。

图8-5　参展商再次参加进博会意愿

127

（三）市民对进博会有巨大的获得感

进博会大大提升了市民的获得感。尤其在市容建设、安全感知方面，市民普遍评价较高。其中，市民在评价"治安管理力度加大，城市生活更加安全"方面和"城市市容美化，外观形象建设更新（如外立面、景观照明、绿化带等）"方面分别给出了4.14分和4.09分的高分。此外，市民通过多种形式对进博会形成了足够的参与度、自豪感和获得感。

图8-6　因进博会提升的市民获得感

二、要以"绣花"精神提升进博会服务水平

（一）场馆内外交通条件有待提升

国家会展中心周边交通包括轨道交通2号线徐泾东站，包括197路、青浦20路、710路等13条公交线路在内的徐泾东公交枢纽，以及5个出租车下客点。为了此次进博会，上海专门定制了酒店穿梭巴士，包括北翟、徐泾、七莘等8条线路直达国家会展中心。

在谈及对进博会的感受时，可以看到部分参展商觉得进博会展类丰富，品牌多。但同时也有部分参展商对进博会的交通安排表示不满，包括出租车找不到接驳点，下车或地铁后仍需较长时间才可以达到会场。

在此次调查中，进博会周边的交通以及进馆出馆的便利程度饱受质疑，在参展商和参展观众对交通便利程度评价时，平均得分为3.94分和4.08分。关于该项的评价中最低得分为1分，同时该项标准差接近于1，波动较大。

在调查中也有众多参展商和观众表示，此次进博会周边交通较为混乱，进入地铁时间较长，出租车找不到泊车点同时也很难打到车，在进入场馆时也较为麻烦，同时入馆时间较长。在谈及馆内交通时，也有部分参展观众表示楼层之间的往来较为麻烦。

部分观众满意、部分观众非常不满意的原因主要来自信息不对称，如在对此次进博会专门定制的 8 条穿梭巴士的调查中,许多观众表示毫不知情,而且对"进博会交通"这一 APP 也不了解。

(二)便利性措施尚待强化

虽然参展商对于进博会有关服务普遍较为满意,但在运输仓储服务、市内交通、是否入驻'6 天+365 天'常年交易平台以及保税品申报便利性等方面依然评价较低。

例如,参展商对"展后我司将入驻进博会'6 天+365 天'常年展示交易平台""展品与保税品相互转换的申报方式便利,后续监管措施到位""市内交通顺畅,进博会专线快捷便利(如接驳车)""为境外展品提供细致周到的运输、仓储服务"等均给出了低于 4 分的评分,分别为 3.53、3.94、3.94 和 3.94 分,说明进博会在有关政策措施的宣传力度和实现力度上需要强化。

(三)配套服务尚需完善

在问及参展感受时,观众普遍感受到进博会的精彩,但参展观众在到达展馆的交通便利程度、入场时间、场馆内通信质量、展馆附近的餐饮及住宿等方面存在一些怨言。例如,观众普遍反映场馆内休息地方较少,一天看展下来非常累。部分参展观众反映到达展馆的交通并不便利,地铁过于拥挤,进入地铁时间较长,打不到出租车,找不到泊车地点。场馆内通信质量较差。在进入场馆时需要花费较多时间,出馆也不方便。

国家会展中心无论是场馆内还是场馆外均配备有餐饮以及住宿服务,但参展商和参展观众对其评价并不突出,参展商对餐饮住宿平均打分为 3.88 分,该项打分在所有选项的平均得分中几乎为最低。参展观众对餐饮和住宿的打分分别为 3.95 和 4.05 分,相较于其他选项得分大都集中在 4.3 分上下,该项打分明显较低。在调查中参展商和参展观众表示展馆内的餐饮不仅价格较高,味道也差强人意。住宿也是价格较高,质量并不能令人满意。

也有观众表示展会厕所设置并不合理,尤其是一些临时女厕所的搭建点非常不合理。虽然进博会临时搭建了一些厕所,但部分厕所的位置面向马路,较为尴尬。同时,厕所的内部设计不够人性化。

(四)"一票难求"让人遗憾

在此次调查中,我们发现场馆外聚集着很多没有参观证件的人群。这些人群大都来自企业或者个人,希望能够参观进博会以期寻求合作伙伴或者了解行业前沿信息,但此次进博会报名登记活动早在八月底就已经结束。

大家表示首届进博会的参观预登记截止时间太早,看着规模如此盛大的进博会"一票难求"着实让人遗憾,并期待下一届进博会开放现场登记入口。

三、对策建议

完善进博会的相关服务,提高与会人员对进博会的满意度,才能更好地发挥进博会的品牌效应,更有力地推动经济开放和合作共赢。

一要增大进博会的品牌效应。在调查中可以看到,参展商对进博会中合作伙伴的数量和质量较为看重。随着参会国家和企业数量的增加,带来的合作机会增加,展会的内容及产品将更加丰富,进博会的品牌效应将更加明显,更能吸引参展商参会。进博会要进一步增大参展观众的范围,如可以在展会后几天接受临时参观登记、延长参会预订登记时间,让更多的人能够更近地感受进博会的魅力。

二要完善交通系统,合理规划场馆周边交通,消除信息不对称。做好交通标识导引系统,减少入馆和出馆的时间。此次进博会交通线路的选择并不少,但信息不对称较为严重,观众并不知道定制巴士的存在,很多出租车也不了解展馆周边的接客点和下客点,造成很多不必要的麻烦。因此,要在完善交通系统的同时,做好信息的及时宣传和传达,让与会人员和交通承运人员都能做到清楚明白。

第三部分

进博会及其效应专题研究

第九章　进博会,花儿为什么这样红?

第一节　获得感检验"上海服务"品质

习近平总书记明确指示将进博会"努力办成国际一流博览会",并在多个重大国际场合和众多双边活动中亲自推动,欢迎各方来华共襄盛举,为进博会成功举办提供了强有力的政治保障。你若盛开,精彩自来。对于上海这座城市而言,这"不一般的展会"彰显了上海的城市品格、"上海服务"的品质和新时代中国故事的魅力。上海紧紧围绕"办出水平、办出成效、越办越好"的指示要求,创新出台系列政策措施,下足"绣花"功夫,以精细化管理铸就一流"上海服务"水平和品质。

"绣成安向春园里,引得黄莺下柳条"。进博会获得感是检验"上海服务"品质和成效的标尺。只有经得起检验的进博会才是长远的进博会,只有经得起检验的服务才是真正有品质的服务。那么,参展者体验到的进博会是什么样子呢?我们走进第二届进博会现场,采取实地调研的方式对参展商、参展观众以及上海市民的体验进行随机调查,描绘进博会参展者获得感,检验"上海服务"的"绣花"成效,总结进博会的经验,找寻和明确进一步打造国际一流博览会的抓手。

一、成交,是进博会的高频词

进博会为参展商提供了大量高质量的现场采购客户。参展商纷纷表示,进博会"展类丰富,品牌多""多样化,展品丰富",接触到了丰富的行业前沿信息,是一届难得的盛会。

丰硕的采购成果离不开专业服务的助力。精准的展前对接、贴心的翻译服务、关键的法律支持等高水平"上海服务"让各方洽谈合作得以高效达成,为参展商带来了满满的获得感。为了让买卖双方精准对接,"上海服务"搭桥梁,400名熟悉不同语言的中国银行员工提供专业翻译服务,充当起了交易"红娘"。来自全球各地的参展商与采购商共谋商机,参展商与采购商无障碍交流,大大提升了交易效率,引来参展各方点赞和高度评价(参展商对此平均评分为4.06分,满分5分,下同)。成交,成为进博会的高频词。

进博会充分体现了法治化、国际化、便利化特色。81名具有丰富涉外法律服务经验的志愿者,组成强大专业阵容驻扎在"四叶草",为各式交易"保驾护航"。参展商感受到了中国主动开放市场、支持贸易自由化的诚意,对此给出了非常高的评价(4.63分)。一家澳洲参展企业甚至在这个方面给出了满分5分的高度评价,同时高度评价了上海在进博会举办过程中为境外展品提供细致周到的运输、仓储、智慧化和智能化的通信以及高效的志愿者服务。此外,关键的法律支持为参展商提供了可信赖的法律服务,国际化、专业化程度高的合同纠纷与商事调解服务(4.13分),透明商务诚信平台(4.19分),均为参展商带来了巨大的获得感。

参展商通关手续和贸易便利化,"靠泊即提"大幅节约了物流和时间成本。旅客出入境通关智慧化、边检咨询服务专业化(4.44分)、货物申报实现数字化等,为参展商提供了高效的服务和高通关效能(4.13分)。展品与保税品相互转换的申报方式便利、后续监管措施到位,参展商实实在在地得到了获得感。

二、高水平"上海服务"有效提升获得感

578亿美元成交额,这不仅凸显了中国担当和中国机遇,也让人感受到了高水平的"上海服务"。在我们的实地调研中,"上海服务"提供的精准的展前对接、贴心的翻译服务、关键的法律支持等,让各方洽谈合作得以高效达成,为参展商带来了满满的获得感。例如,进博会前3天,来自80多个国家和地区的1178家参展商、2462家采购商进行了多轮现场"一对一"洽谈,300张洽谈桌摆开"流水席"。为了让买卖双方精准对接,"上海服务"搭建桥梁,400名熟悉不同语言的中国银行员工提供专业翻译服务,充当起了交易"红娘",大大提升了交易效率。此外,81名具有丰富涉外法律服务经验的专业人士和志愿者,组团驻扎在"四叶草",为各式交易"保驾护航"。还有5000多名"小叶子"志愿者展现了"微笑四叶草"的志愿品牌,坚守在展会中心以及周边区域、交通枢纽、商圈、酒店、旅游景点等地,温馨服务无所不在。再如,在璀璨的夜上海背后有卓越保电模式的保障,在参展货物"靠泊即提"的背后有跨境贸易管理大数据平台的支持,在进博会的各个展区,医疗点、急救车、医疗志愿者标志醒目……

进博会是一次高效的会展活动。要"办成国际一流博览会",少不了科技这

个好帮手。在我们的调查中，观众普遍表示进博会"开放、超前""科技、创新、风味人间、时代脉搏尽显于此"，有效地达成了参加进博会的目的（4.29 分）。"黑科技"不仅存在于琳琅满目的展品中，人工智能、物联网、大数据等新技术在进博会会场内外也无处不在：智能安检，秒刷脸；"千兆光网、百兆 4G 网"双网络，上网如飞；智慧交通，使上海在进博会期间并未大面积封路改道，既确保安全，又将"扰民"降到最低程度……

志愿者服务和展会现场设计赢得了观众的青睐。"小叶子"志愿者服务很好地展现了"微笑四叶草"的志愿品牌，获得了观众高度认可（4.51 分），成为进博会的靓丽风景。展会现场设计有吸引力、有亮点，布展合理有创意，获得了参展观众的好评（4.40 分）。国家会展中心的场馆整洁度、良好的卫生状况以及完善的安保措施等均为进博会提供了良好的保障，赢得了观众的高度评价。

开放、创新、包容、温馨、便捷、安全，进博会的成功举办，展示了我国扩大对外开放的新形象，也丰富了"海纳百川、追求卓越、开明睿智、大气谦和"的上海城市精神的内涵。在为国家和上海赢得了荣誉的同时，进博会也大大提升了市民的获得感：城市生活更安全了，景观照明更绿色了，绿化带更靓丽了，公共交通运输能力又提升了……进博会获得感是检验"上海服务"品质和成效的标尺。像绣花一样精细，"上海服务"在这次进博会保障中以实际行动践行了这一标准。由此，进博会大大提升了市民的获得感。市容建设、安全保障成为市民最为强烈的获得感。市民普遍感到，上海市治安管理力度加大、城市生活更加安全（4.14 分）；景观照明、绿化带等城市市容得到美化，城市形象不断提升（4.09 分）。此外，在政府行政事业机构办事效率提高、公共交通运输能力提升、环境质量改善等方面，市民也得到了高度的自豪感和获得感。

三、下一届进博会成为美好期待

参展者获得感检验着上海"绣花"精神的成效和成色。"上海服务"经受住了来自全球各地厂商和观众 100 余万人次的检验。在谈及是否愿意参加下一届进博会时，大家普遍对进博会表示认可，且具有强烈的参加下一届进博会的意愿（4.34 分）。

进博会的精彩让人难忘。像绣花一样精细，"上海服务"在这次进博会中以实际行动践行了这一标准，对上海形象传播形成了巨大的推动作用，观众普遍通过政府宣传对上海形象有了更加深刻的认识（4.39 分）。

"白璧微瑕"，观众在进博会的交通便利程度、入场时间、附近的餐饮及住宿等方面,存在些许怨言。大家普遍表示,场馆内外交通条件有待提升、便利性措施尚待强化、配套服务尚需完善、"一票难求"让人遗憾。有参展者表示"交通安排可以提升,进场时间很久,出租车找不到泊车地点,进地铁时间也很久""女厕有落地玻璃面向行人路,很不方便""餐厅人太多""出租车下车到会场很远,很不方便"。此外,对于展后是否入驻进博会"6天+365天"常年展示交易平台,参展商意愿普遍较低,需要强化有关政策措施的宣传力度和实现力度。

进博会在上海举办,且要年年办下去、越办越好。这既是中央对上海的信任,更是上海的重大机遇。坚持开放立市、开放兴市,努力把上海打造成为全国新一轮全面开放的新高地,持续发扬"绣花"精神,聚焦参展者的获得感,不断创新出台有关举措。穿好针、缝细线,用精细化、品质化标准"一针一线"地持续"织就"更加美好的进博会图景。让城市既有"面子"又有"里子",既有"颜值"又有"内涵",让参与进博会的全球伙伴真切地感受到中国扩大开放的自信,全面展现上海开放、创新、包容的鲜明品格。

第二节 "绣花"精神提供坚实保障

历届进博会成果丰硕的交易和采购,是中国推动建设开放型世界经济、支持经济全球化的实际行动。第二届进博会期间,我们设计了面向参展商、参展观众以及上海市民的三份问卷,在进博会现场及周边随机选取有关调查对象,对参展商、参展观众以及上海市民感知进行了调研。调研共获得有效调查样本165份,其中参展商16份,参展观众83份,上海市民66份。此次调研获取了受访者居住的区域、是否参加过首届进博等信息,以及受访者对进博会交通、餐饮、住宿、智能化、志愿者服务等评价信息,可以较为全面地反映各界对进博会的观点。

调查发现,参展商、参展观众以及市民普遍对进博会感到满意,各方对进博会的平台功能及相关服务评价很高。但是,各方对于交通、通信和餐饮服务方面仍评价一般,众多参展商更多的只停留在展会期间,对于进博会"6天+365天"常年展示交易平台并不了解,对进博会后续溢出效应并没有较强意识。为此,上海要持续发扬"绣花"精神,创新出台有关举措,不断优化和提升服务水平。

一、进博会受到了各方普遍认可和高度赞扬

(一)参展商对进博会功能平台建设整体感到满意

一是参展商普遍认为达成了参展目的,对进博会平台的专业化服务普遍较

为认可。在对涉及进博会功能平台整体的打分中,参展商的打分均超过了4分(满分5分,下同)。对"参与本次展会的目的达成"的平均打分达到4.24分,在"对进博会这一功能平台的建设、宣传及专业化服务感到满意"的打分也达到了4.26分,对"展会商务诚信平台服务便捷周到,知识产权、合同纠纷等商事调解国际化、专业化服务程度高"和"现场采购客户数量多且质量高,与采购商交流无障碍"的评价,分别与展会配套平台建设和进博会平台质量评价有关,评分也分别达到了4.29分和4.26分。进博会强大的号召力和专业的配套平台服务让参展商接触到了丰富多样的产品和专业化的服务,让参展商能够更好地在这一平台上进行商贸活动。

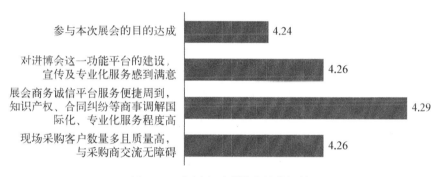

图9-1　参展商对进博会整体评价

二是参展商对货物通关、志愿者服务等的评价较高。总体而言,参展商对于货物通关和志愿者服务的评价更上一层,打分均在4.3分以上。其中,对"货物申报和人员出入境通关智慧化、数字化,服务高效专业"选项的打分高达4.38分。同时,参展商对展馆设计和志愿者服务的评价也较高,众多参展商都指出现场志愿者非常专业,带给参展商很多的便利,对进博会的志愿者队伍感到非常满意。选项"展馆内动线设计合理,步行时间合适,志愿者服务水平高"得分达到了4.37分。

三是参展商普遍对"上海服务"较为认可。在有关上海印象选项"对上海城市印象较好,垃圾分类开展良好,市容整洁,安全有序,购物等配套设施丰富"的打分上,参展商的打分高达4.39分,是所有选项评价分数中最高的。参展商通过进博会对上海整体印象提升很多,而在上海垃圾分类活动的开展下,展会现场的环境卫生状况也得到了很好的评价,评分达到4.32分。

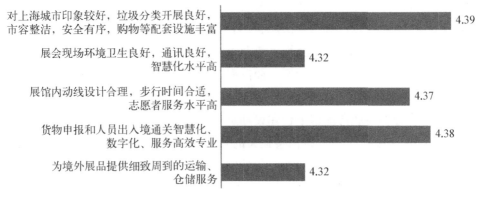

图 9-2 参展商眼中的进博会亮点

（二）参展观众对进博会设施及服务评价较高

一是观众普遍认为进博会展品丰富，配套服务完善。"参展商数量较多，参展内容丰富，有利于了解行业前沿动态""进博会官方信息宣传到位，能在交通APP等上及时获取相关信息""对进博会这一功能性平台的建设及专业化服务满意"此三项得分均在4分以上。据参展观众反映，参展前能够在相关官方渠道获得有效的进博会相关信息，参展过程中主要感受为参展商质量较高、展品丰富多样，基本达到原本的期待。

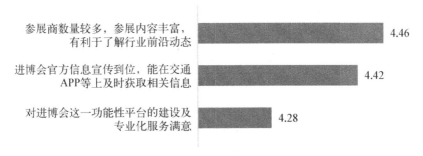

图 9-3 参展观众进博会参展体验

二是参展观众普遍认为进博会基础建设完备，"小叶子"展现进博活力。"展会现场设计有吸引力、有亮点，布展合理有创意""到达和进入会场交通便利，花费时间合理，导览系统完善""现场通信良好，智能化水平高，垃圾分类开展良好，卫生状况良好，无障碍设施完善"均获得了参展观众的认可，分别得分4.38分、4.30分和4.16分。参展观众认为乘坐地铁是抵达场馆是最为便捷的方式，进入馆内的速度较快基本无滞留。馆内设计合理有新意，基础设施齐全，无障碍设施较为完善。尤其是在垃圾分类措施开展下,卫生状况保持良好。

就志愿服务而言,"小叶子"的存在让进博会多了一道亮丽的风景线,参展观众普遍对"小叶子"们的服务水平印象深刻。志愿者服务("志愿者服务满意,很好地展现了'微笑四叶草'的志愿品牌")一项得分高达 4.57 分。参展观众普遍反映,志愿者人数充足、态度温和、专业程度高,尽管场馆空间范围很大,讯号时而存在不通畅的情况,依旧可以毫无压力找到自己需要抵达的场馆,认为志愿者在其中作用非常大,一定程度地展示了进博会的青春活力。

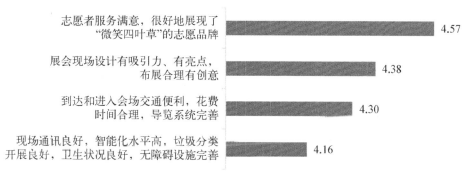

图 9-4　参展观众对"小叶子"认可度

三是参展观众普遍认为,进博会举办对于传播中国形象、"上海品格"有极大的推动作用。参展观众对于"进博会很好地提升了中国和上海的国际形象和地位""我参加本次展会的目的达成,愿意再次参加下一届进博会"均评价较高。部分上海参展观众表示作为上海市民非常有自豪感,认为这是一个很好的机会让世界认识中国、认识上海。

图 9-5　参展观众对进博会整体评价

(三) 进博会获得市民的普遍认可

关于市民调研的受访者居住区域涵盖上海十三个区,主要集中在长宁区、虹口区、浦东新区和嘉定区,可以相对全面地反映上海市不同区域的市民对进博会期间上海表现的评价。

一是市民普遍认为进博会提升了上海的城市形象。进博会不仅是我国展现综合实力的平台,还是上海向外传播城市形象的舞台。周边市民在访问中提及了"整顿小吃摊点""美化、修理小路"等举措,在评价"环境质量改善、城市市容美化、外观形象建设更新"以及"公共服务设施更加完善、便利"方面分别给出了4.39分和4.03分的高分。形象的美化更新、基础设施和服务的完善不仅给进博会来宾塑造了美好的城市形象,也提升了市民心中对上海城市形象的认可,增强了市民对城市发展的认可。

进博会周边环境质量改善,城市市容美化,外观形象建设更新(如外立面、景观照明、绿化带等)　4.39

进博会周边公共服务设施更加完善、便利　4.03

图 9-6　市民心中的上海城市形象因进博会得到提升

二是进博会为市民消费提供了更多的选择。全球各地高质量的丰富展品集聚于进博会,参加进博会的市民可以通过进博会了解更多国外的进口商品,为生活消费提供更多的选择。68.2%的受访者在这方面给出了满意甚至非常满意的评价。

通过进博会可以接触到更多物美价廉的国际商品,消费选择更加丰富　4.00

图 9-7　进博会为市民提供了更多消费选择

三是进博会对市民产生了巨大的溢出效应。进博会的举办是对上海综合能力的考核。为了做好服务保障工作,上海市各部门紧密联合,开展一系列行政执法检查行动。上海各部门全力配合进博会筹办的同时,也惠及了上海市民。市民对"进博会提高政府行政事业机构办事效率"给予了4.11分的高分,表明了市民对进博会期间政府行政事业机构工作的认可。此外,进博会的举办对优化上海的营商环境很有帮助,市民对这一项的评价给出了4.36分的高分。究其原因,进博会是各项投资落户上海的重要推手,上海的营商环境同样也是交易达成、投资落地的吸引要素和重要保障,营商环境的优化则是进博会溢出效应的体现。

图9-8 进博会对市民产生的巨大溢出效应

四是进博会增强了上海市民的获得感和自豪感。为了筹办进博会,上海市政府致力于营造安全稳定的政治环境、优质的服务环境以及便民利民的社会环境,打造一流的上海城市形象,落实"以人为本"的公共政策服务理念,有效地将助力进博会的举措转化为市民的获得感、幸福感。受访者对"进博会的举办有利于进一步提升上海的城市形象""作为上海市民有足够的自豪感和获得感"两方面给予了极高的评价,得分分别为4.53分和4.24分。同时,大多数市民表示如果有机会非常愿意参加进博会,希望进博会进一步开放。

图9-9 进博会增强的市民获得感和自豪感

二、进博会在交通等方面有待提升

(一)交通通信等基础设施依然是进博会的痛点

一是市民普遍反映,需要进一步提高交通运输能力,强化交通疏导。进博会的举办,考验着上海的基础设施和公共服务,尤其是交通运输服务。市民对"进博会周边公共交通运输能力提升、拥堵情况改善"的评价较低,得分仅为3.98分,对"因进博会期间交通管制和参展观众来沪,出行交通受到影响"的负面评分较高,为4.12分。从市民角度看,进博会期间周边交通运输能力需要进一步地提升和改善。在实地调研过程中,我们发现,进博会的接驳车只是在较远的地区接送,前往市区的市民的交通方式仅有地铁以及持有通行证的出租车(附近公交站暂时关闭)。当闭馆时,大量的人流涌入地铁,造成地铁站的拥堵,同时能够进入场馆区域的出租车也远远不能提供匹配需求的运力。并且,进博会期间,周边的交通管制除对附近市民的生活产生影响外,对部分出租车司机也不可避免地造成收益上的影响,进一步引发了一定范围的交通乱象。

因进博会期间的部分交通管制和参展
观众来沪,出行交通受到影响　　　　4.12

进博会周边公共交通运输能力提升,
拥挤/拥堵情况改善　　　　3.98

图 9-10　交通运输条件依然是进博会的关键痛点

二是各方普遍反映展馆外交通运输能力、交通信息更新需进一步提升。一方面,参展商对"市内交通顺畅,进博会专线快捷便利(如接驳车)"的平均打分仅为 3.84 分,分数一般,甚至有参展商给出了 1 分的最低分。经调研后得知,虽然国家会展中心(上海)附近新开通了 17 号线,但进博会周边公共交通运载力依然明显不足。与此同时由于交通管制,很多私家车无法入内,而且这类交通信息许多参展商并不清楚,导致参展商在到达现场后需步行较远方可到达会场,交通体验并不舒畅。另一方面,参展观众也普遍反映,交通不够便捷,尤其返程过程中,打车难、地铁拥挤的情况难以避免。因此,如何有效提升通信及周围餐饮服务和交通状况,是往后进博会应该关注的重点。

三是 5G 服务优势尚未得到充分展现。此次进博会的一大亮点是 5G 服务的出现,但是在调研中,一方面,参展商对这 5G 服务并不敏感。"现场 5G 服务优势明显"的分数仅为 3.54 分,许多参展商都表示对 5G 服务不了解,或者 5G 速度并不够快,服务优势并不明显。另一方面,参展观众也普遍对 5G 的感知较低,"我感受到了 5G 技术为展会带来更多便利"这一项得分较低,仅有 3.47 分。在问及原因的时候,大部分参展观众表示,并不了解 5G 技术或是没有真正体验到 5G 技术。

四是餐饮接待能力有待提升。一方面,参展商对"对展馆内外及周边餐饮种类丰富、住宿条件及服务感到满意"的平均打分为 3.76 分,展馆内的餐饮价格偏高,同时在现场会看到餐饮店门口都排起长队,餐馆的接待能力也有待提升。另一方面,参展观众对"展馆内外餐饮和住宿条件及服务令人满意"的平均打分仅有 3.58 分。虽然参展观众对于进博会基础建设以及馆内的配套设施情况基本满意,但是仍有部分参展观众抱怨参展过程疲惫,馆内充电需求没有得到满足,中午就餐难、餐食价格偏高等问题较为突出。

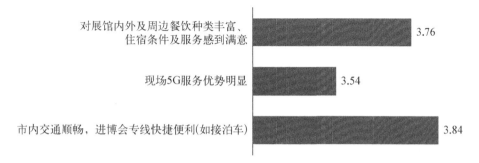

图 9 - 11 5G 优势尚需凸显

(二)展会后续效应不够明显,参展商对展会后续溢出效应关心不够

"6 天+365 天"常年展示交易平台是进博会为发挥溢出效应、为展商和观众的长期交流提供平台。在调研问卷中有两道问题涉及展会后续"6 天+365 天"常年展示交易平台的问题,首先在"如已参加首届进博会,是否已入驻进博会'6 天+365 天'常年展示交易平台"这一问题中,我们看到在参加过首届进博会的企业中,只有 13% 的参展商入驻了常年展示交易平台,87% 的参展商没有,而且在这 87% 的展商中很多展商表示并不了解这一交易平台。

与此同时,参与调研的参展商对"展后我司将入驻进博会'6 天+365 天'常年展示交易平台"选项的打分仅为 3.65 分,参展商在进博会结束后继续参与的意愿不强,众多展商依然只把重点放在展会期间,并没有意识到展会的后续溢出效应的好处。

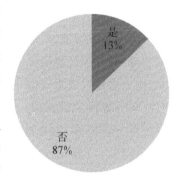

图 9 - 12 进博会后续效应尚需提升

(三)要进一步提高市民参与度,促进市民与社会和国家的互动

为了满足了市民的观展愿望,放大进博会的溢出效应,第二届进博会开通了市民观展的预约通道,市民可以网上预约进博会的综合展延展。在调研中,77.3% 的受访者没有参加过两届进博会,并且表示如果有机会有意愿参加,市民对进博会的热情持续高涨。从筹办进博会的角度来看,可以增加一些与市民的互动环节,使得市民能够全过程地参与到进博会当中,而不仅仅停留在单方面宣传和市民被动接受的层面。例如,涉及公共政策的制定等问题,能够听取公众社会的意见;上海进博会形象的宣传,能够广泛征求公众的方案等。通过与市民互动的举措,将市民这一城市主体纳入进博会当中,进一步扩大进博会的影响力。

第十章　新闻报道视角下的进博会效应研究

第一节　新闻报道凸显全球资源配置功能

　　进博会作为中国主动扩大进口和开放市场的重大举措,承载着全球政产商学各界对中国市场的新期待。以举办进博会为契机,上海各界积极创新举措,优化工作流程,提升交易保障体系,彰显了上海形象和"上海服务"品质。自 2018年首届进博会以来,新闻媒体重点对进博会这一功能性平台的建设及其发挥的作用等进行了报道,"贸易自由化""主动向世界开放市场""供需对接的贸易平台""溢出效应"等屡屡见诸报端。但是,如何借助进博会提升上海的资源配置功能,将上海建设成真正的全球城市,依然是亟待加强的问题。

　　积极建设全球城市,上海不仅要积极依托进博会提升城市能级,而且要通过精准的媒体宣传,在社会各界形成共识,多维度提升上海作为全球城市的资源配置能力。要充分发挥新闻媒体的作用,积极就"上海如何借助进博会,进一步提升资源配置能力,着力增强核心竞争力"等议题进行宣传和报道。《文汇报》是一份在国内外具有广泛影响的大型综合性日报。《文汇报》关于进博会的新闻报道,不仅及时全面追踪进博会发展动态,而且引导了进博会新闻报道的舆论热点。文本分析法是一种对新闻报道文本内容进行客观定量分析的研究方法。通过浏览《文汇报》,我们收集了 2018 年 11 月 1 日到 2019 年 10月 23 日间《文汇报》的 468 篇关于进博会的新闻报道,计 635 647 字。然后采用文本分析法,通过词频统计、情感分析等方法,准确区分和提取与研究主题相关度较高的高频词汇或情感词汇等,挖掘文本内容背后的有用信息。科学地评价、分析进博会新闻报道内容及着力点,为进一步提升新闻媒体对进博会报道的精准度、有效度提供必要的借鉴,进一步以更高站位提升新闻媒体对进博会报道战略高度,以更为精准的新闻报道强化服务上海发展的能力。

一、进博会彰显了我国推进更高水平对外开放的决心

从新闻报道文本挖掘过程中可以看出,"大国风范""中国市场""中国经验""中国制造""中国机遇""中国担当"等词汇出现频次较高,显示了中国扩大开放的坚强决心。借此,越来越多的国家会对中国、对上海有更深的了解。

(一)新闻报道普遍强调了进博会的开放性和平台性功能

通过对《文汇报》进博会相关新闻报道的内容分析可以发现,新闻报道多关注于进博会的平台性功能及其带来的影响。从新闻报道中分离出的高频词可以看出(图10-1),新闻报道中"进口""贸易""合作"等词汇,均彰显了进博会的平台性功能。同时,新闻报道对进博会"发展""溢出""保障"等功能也较为注重。此外,报道还广泛涉及了与进博会配套相关的有关内容,如"海关""四叶草""志愿者"等。

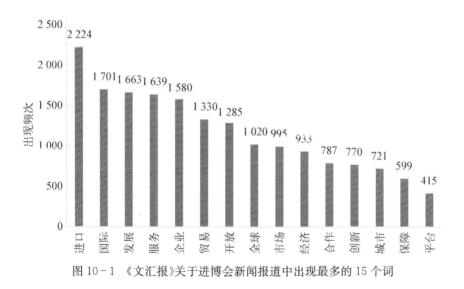

图10-1　《文汇报》关于进博会新闻报道中出现最多的15个词

进一步对前50个高频词进行分析,在具体语境中寻找其背后内涵(见表10-1)。从表10-1中可以看出,新闻报道普遍认为,通过进博会这一平台,汇集了全球优质商品,各国之间开展多边合作,寻找贸易伙伴,洽谈采购计划或投资意向,共享发展红利。

以"全球"为例,进博会是"买全球、卖全球"的一场盛会,为全球采购企业汇集全球优质商品。此外,进博会为全球贸易降低了交易成本,通过"汇全球","惠全球",扩大中国的对外开放,连接全球,惠及全球。"贸易"这一话题,在进博会

新闻报道上也备受各界关注。对中国而言,进博会推动我国实现贸易均衡发展,实现向贸易强国的迈进。对世界而言,进博会有助于各国了解世界贸易发展形势,寻找贸易合作新增长点,分享全球贸易红利。

表 10 - 1　进博会新闻报道词汇语境分析

关键词	词　频	语　　境
发展	1 663	共同发展、发展红利、深入发展、高质量发展
贸易	1 580	贸易均衡、便捷贸易、贸易伙伴、自由贸易、进出口贸易
全球	1 020	"买全球、卖全球""汇全球、惠全球"全球商品
合作	787	开放合作、加强合作、多边合作、合作共赢
平台	415	全球分销平台、贸易平台、服务平台、互联互通平台
采购	395	采购商、采购意向、洽谈采购、采购成果
投资	379	全球投资、外商投资、便捷投资

(二) 新闻报道普遍反映了各界对进博会的积极肯定

通过对进博会新闻报道中感情感类词汇的分析可以看出,整体来说社会各界对于进博会持正面、积极、肯定的态度,肯定了进博会平台内容的丰富和优质,对进博会的未来表示期待并充满信心。

如"积极"一词,在进博会新闻报道中出现了 258 次。结合语境来看,"积极"一词主要用来表达中国积极主动开放市场。"欢迎""期待""信心"等词汇主要表

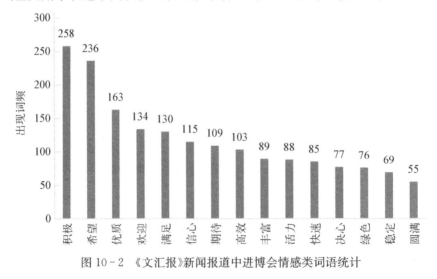

图 10 - 2　《文汇报》新闻报道中进博会情感类词语统计

达了社会各界对进博会的殷厚期望,中国欢迎更多的国家和企业参加进博会,来中国开拓市场,同时对未来的贸易前景和世界经济发展充满信心。此外,还有新闻报道称,进博会能够积极吸引外资金融机构集聚,积极推动外资进入中国市场,更好帮助中国企业"走出去",为上海国际金融中心建设做出更大贡献。

二、新闻报道凸显了"上海服务"品质

(一) 新闻报道普遍凸显了上海品牌

上海作为进博会的东道主城市,"上海服务""上海制造""上海购物""上海文化"四大品牌建设受到了新闻媒体的普遍关注。同时,"安全""便利""包容"等词出现频次均较高,表明上海积极以一流的、有温度的"上海服务"保障进博会,展示开放创新包容的上海,让全球来宾能够体会到海纳百川、包容的上海。

有温度的"上海服务"主要包括通关服务、城市配套服务等。一是新闻报道中,"海关"一词在高频词汇中排名 30,词频达 222 次。二是,城市配套服务主要包括交通、安全、志愿者以及城市环境美化服务,旨在为参会者能够顺利参加展会提供全面的服务保障。"交通"一词在高频词汇中排名第 28 位,词频达到 230次。这充分体现了上海市政府在全力优化进博会交通组织、保障进博会交通顺畅方面的努力。三是,志愿者服务是会展活动顺利举办的一大保障。"志愿者"在高频词汇中以 198 次名列第 34 位,志愿者服务成为进博会的一道亮丽风景线。值得一提的是,法律志愿者还为进博会提供了更为专业化的服务。第二届进博会法律服务团队包括 54 名律师、23 名调解员、6 名公证员、4 名司法鉴定员、13 名仲裁员,为进博会参展商、采购商和普通观众提供 24 小时无间断的法律服务。

(二) 新闻报道普遍强调了上海的区域及国际地位

进博会不仅要推进我国"对外开放",还要推进"对内开放"。从新闻报道的内容分析可以看出,进博会将成为真正意义上的"战略平台",加快建设联动长三角、服务全国、辐射亚太的进口商品集散地等均体现了进博会溢出带动效应。

一是进博会推动长三角一体化战略的持续提升。进博会新闻报道中,"区域"和"长三角"两个词汇分别以 280 和 259 的频次位列第 22 和第 23 位。在具体语境中,"长三角"主要出现在"长三角一体化""长三角区域""长三角城市群"等短语中,通过进博会这一国际平台,未来长三角的协作发展将越来越顺利,实现长三角更高质量的一体化发展。

二是进博会促进上海在长三角的定位由"领头"向"枢纽"转变。进博会举办为长三角一体化发展提供了新的机遇,上海作为长三角地区的中心定位也在逐步转型,进一步激活长三角地区的发展能量和潜能。为承接进博会的溢出效应,有关部门积极设立"6天+365天"常年展示交易平台,扩大并延伸进博效应。进博会展馆四叶草位于上海虹桥商务区,是连接长三角区域各城市的重要枢纽点,上海也将借助虹桥商务区的先天优势,全面承接进博会溢出效应,提升贸易便利化程度,助力长三角一体化实现更高质量发展。与此同时,G60科创走廊联合上海、嘉兴、杭州、金华、苏州、湖州、宣城、芜湖、合肥9个城市,组建进博会采购商联盟,以期更高效地承接进博会的溢出效应,深化产业集群布局,为长三角一体化的更快更高质量发展注入动力。

三、新闻报道要凸显进博会的资源配置功能

在权威城市研究机构的观察维度中,城市经济指标不再是唯一的竞争力表现,资源配置能力在更高层面上彰显着城市能级和核心竞争力。中共上海市委《关于面向全球面向未来提升上海城市能级和核心竞争力的意见》指出,建设卓越的全球城市成为上海城市发展的目标与重点。然而,与纽约、伦敦、东京等全球城市相比,上海的全球资源配置功能仍存在一定的差距,这不仅影响了上海的吸引力,更在长远上影响了上海的竞争力和创造力。建设卓越全球城市,加强上海对全球资源的集聚与配置功能,不仅需要巩固既有的工具性和服务性功能,更需要完善品牌性功能。与其他卓越的全球城市相比,上海的城市"软实力"尚存在难以迈向全球城市顶端水平的窘境。

历届进博会取得了实实在在的交易成效,为世界企业提供了巨大的交易平台和发展机遇。积极建设全球城市,上海不仅要积极依托进博会提升城市能级,而且要通过精准的宣传在社会各界形成共识,多维度提升上海作为全球城市的资源配置能力。就媒体宣传报道而言,全面提升上海配置全球资源能力,要积极就"上海如何借助进博会,进一步提升资源配置能力,着力增强核心竞争力"等议题进行宣传和报道。

(一)关于营商环境的新闻显示度不高

世界银行发布《全球营商环境报告2020》显示,我国营商环境排名跃居全球第31位。上海是世行评估中国营商环境的两大样本城市之一,通过进博会积极推进营商环境的优化,向全世界呈现了当下最高水平的营商环境。

虽然上海有关部门为进博会专门出台了系列的便利化举措,受到了新闻媒

体的高度关注,但遗憾的是,"营商环境"一词因其涵盖内容广泛,在新闻报道中的显示度并不高,仅出现了 149 次。知识产权也是国内外参展商及观众较为关注的内容之一,但与营商环境有关的"知识产权"词出现次数仅为 129 次,并未受到较多的媒体关注。此外,有关部门也推出金融服务政策,但"金融"在新闻报道中出现频次排名为 24 位,与金融服务相关的词汇如"投资"则排名 17 位。

(二) 关于资源配置的新闻显示度不高

进博会为中国、为上海打造了国际化的贸易平台。上海作为长三角区域发展的核心引擎,要通过进博会增强对周边区域发展的辐射带动作用。积极完善营商环境,创造更有利于国内外要素自由流动、集聚、辐射的环境,形成有效的区域性、全球化资源配置机制,将上海真正打造成全球城市。

但进博会新闻报道中,关于"资源配置"的强调明显不足。有关新闻报道对我国以及上海在全球经济、产业、分工体系中逐渐形成的主导性或支配性地位关注不足。这不仅不利于从更高层面认识进博会的功能,也不利于从更为具体的层面上推动建设全球城市的共识的形成。鉴于此,进博会新闻报道应该有更为高远的战略视野、更为精准和务实的策略视角,更好地服务国家"一带一路"建设,更好地服务上海全球城市建设。

一是要凸显进博会在增强我国和上海在全球资源配置能力中的作用。进博会为各国提供了一个优质的供需对接平台。通过挖掘报纸文章报道背后的舆论热点和内涵,发现社会各界对进博会普遍持正面、积极、肯定的评价。在扩大对外开放的前提下,在我国追求高质量发展的关键阶段,我国不仅要依靠内需市场的驱动来实现对全球资源的优化配置,而且需要越来越多地在全球资源配置过程中发挥主动性和主导性作用,推动高质量的开放和高质量的经济发展。

二是要凸显进博会在提升上海全球城市能级中的平台及其作用。为了确保进博会高效顺利进行,中国和上海为进博会的举办颁布了一系列便利政策,对提升我国及上海的营商环境有着明显的推动作用,这将进一步提升我国及上海在全球资源配置中的作用。进博会是上海更新升级的"引擎",要积极宣传上海如何积极对接进博会的"6 天+365 天"常年展示交易平台,依托综合功能平台、跨境电商平台、专业贸易平台和国别商品中心等交易服务平台将上海打造成具有全球资源配置能力的城市。

三是要以更高站位,多视角、全方位报道进博会。要在全球资源配置视角下,重新考量和评估有关宣传报道重点和方向。通过对参展商、参展观众、市民等进博会利益相关方的详细调研,发现有关政策措施的不足,进一步提供精准、有效的政策措施,打造更开放的国际一流营商环境。在此基础上,新闻报道要积极着眼于让进博会真正成为上海高水平对外开放的"发动机",着力宣传进博会如何成为提升上海全球资源配置能力和全球影响力的"助推器",全面提升上海的全球资源配置能力。

第二节 新闻报道视角下进博会效应及维度研究

进博会是世界上第一个以进口为主题的国家级展会,是中国向全世界展示中国支持经济全球化、贸易自由化的决心和信心的平台,也是中国推动高水平开放、构建人类命运共同体的重要举措。2019年,第二届进博会共迎来181个国家、地区和国际组织参会,超过50万名境内外专业采购商到会洽谈采购,交易采购成果丰硕,累计意向成交金额为711.3亿美元,比首届增长23%。

自习近平总书记提出举办进博会的设想以来,进博会的筹备和举办引起了各大媒体的争相报道。但遗憾的是,关于深入分析媒体视角下进博会整体效应的研究却较为鲜见。通过大量文献研究发现,基于新闻报道对实践或理论进行研究的文章主要从框架理论研究出发,在内容、话语、修辞等维度进行整体分析。这些研究样本时间跨度较大,以定性分析为主,定量研究较少。如果采用这样的研究逻辑和路径,不利于客观反映媒体视角下的进博会效应及特征。

进博会作为中国主动扩大进口和开放市场的重大举措,承载着全球政商学界对中国市场的新期待。以举办进博会为契机,上海各界积极创新举措,优化工作流程,提升交易保障体系,彰显了上海形象和"上海服务"品质。新闻媒体是塑造国家、上海城市形象的重要渠道,也是宣传"上海服务"品质的重要途径。自首届进博会举办以来,国内外各大媒体对进博会进行了大量报道。

《解放日报》是上海市官方主流媒体之一,对上海重大事件的反应较为灵敏,能够较为全面、及时地对有关事件进行报道,具有一定代表性。有学者以《解放日报》世博会相关报道为例探讨了上海世博会媒体公共外交问题。但与进博会内容相关的文本分析文章却比较少见,仅有少量文章从进博会角度探讨了中美贸易关系的话语认知和构建。

文本分析法作为基础但有效的分析方法,近年来被大量应用于管理学、经济学、社会学、情报学等领域。通过浏览《解放日报》,我们搜集到从2018年11月1日至2019年11月23日这一期间,有关首届及第二届进博会的556篇新闻报道文本,包括"进博会特刊"等专题刊目、专题以及进博会密切相关的报道。然后采用文本分析法,通过词频统计、情感分析等方法,对上述新闻报道的内容进行分析,系统地评价《解放日报》关于进博会报道的内容,研究媒体视角下的进博会效应及特征。在对有关新闻报道文本进行初步整理的基础上,采用文本分析法进行定量化的分析可以发现,《解放日报》有关新闻报道显示媒体报道的关注点与国家对于进博会举办的原本期望基本一致。系统地评价《解放日报》进博会相关新闻报道的内容,较为客观地反映新闻报视角下进博会效应及特征,进一步探究进博会对于地区、国家以及全球的意义和作用。本节分析表明,新闻报道视角下进博会整体效应呈现出不同的层次,进博会在发挥基本的交易平台作用、彰显国家战略的同时,对内有利于展会服务和营商环境的改善和提升,对外凸显了国际间贸易往来以及友好合作的价值主张,强调了中国对于开放、创新、合作的重视程度。

一、研究方法

内容分析法是一种定量与定性相结合的研究方法。该方法可以提取非定量文本材料中的显性内容及其特征值,并将其转化为定量数据。然后,根据数据特征进行相关判断和推论,从而获得研究内容与特定主题之间的相关关系,进而系统地评价文本的真实或象征性内容。在内容分析中,词频分析法是较为常用的方法之一,通过分析具有实质意义的名词在特定的文本中的出现频次,客观量化地反映文本内容的关注重点。

具体说来,我们首先对《解放日报》关于进博会新闻报道进行词频分析,然后利用语义网络分析对高频词汇进一步分析,识别文本词汇之间的关联及意义,在此基础上解读和挖掘新闻报道视角下进博会相关效应以及特征。在具体分析工具上,本文采用 ROST 内容挖掘法,运用 ROST CM 6.0 软件以及 GooSeeker 分词和分类检索平台进行分析和研究。

二、新闻报道视角下进博会效应分析

为了分析新闻报道对进博会效应的关注焦点和重点,本文首先借助 GooSeeker 分词和分类检索平台,对收集到的《解放日报》进博会相关新闻报道文本进行分词操作,识别新闻报道对进博会效应关注的焦点。然后进行关键词提取,删除中性词及无意义词汇后,获得了有意义的高频词汇及其词频(见表 10 - 2),据此分析新闻报道对进博会效应关注的重点。

表 10－2 《解放日报》关于进博会新闻报道高频词及词频

标签词	词频	标签词	词频	标签词	词频	标签词	词频	标签词	词频
中国	4 593	市场	1 154	保障	611	交易	446	科技	358
进博会	4 400	进口博览会	1 102	平台	569	展区	442	未来	346
上海	2 555	全球	1 092	采购	563	中国市场	440	去年	343
服务	1 999	世界	1 071	技术	555	重要	432	扩大	342
进口	1 809	贸易	1 070	推动	495	品牌	425	专业	339
企业	1 736	第二届	1 061	集团	492	消费	395	共同	333
国际	1 650	中心	1 024	投资	489	展品	382	国家会展中心	331
发展	1 395	合作	928	会展	484	进一步	372	商务	326
国家	1 291	经济	914	提升	472	虹桥	361	消费者	321
开放	1 239	创新	697	环境	463	升级	360	水平	319

（一）新闻报道中进博会焦点和重点效应分析

由表 10－2 可见，《解放日报》关于进博会相关新闻报道中，关键词词频排名前 50 位中，词性主要包括名词和动词，其中名词数量偏多。在关键的名词中，"中国""进博会""上海""服务""进口""企业"等出现频次较高，凸显了进博会的提升服务、促进进口等基础性效应。进一步分析发现，名词主要反映了社会各界较为关注和关心的进博会的相关基本情况及其综合性效应；"开放""发展""推动"等动词主要反映了进博会给上海、中国乃至世界经济和贸易带来的提升和促进效应；"升级""扩大"等动词则主要反映了第二届进博会相较于首届进博会在各方面所呈现的改变和提升。

为更直观地表现新闻报道视角下进博会报道关注的焦点，将表 10－2 中关键词生成词云图（见图 10－3）。字体的大小反映了关键词中心度的大小，图 10－3 可以更清晰地反映出新闻报道关注的热点。《解放日报》进博会报道的高频词云图显示，新闻报道彰显了中国始终坚持开放的决心，坚定不移推进全球贸易自由化的信念，进博会已经成为中国向世界宣示主张和采取行动的平台。除了"中国""上海""进博会""进口博览会""国家"等最为关键性的词汇，新闻报道文本中"开放"一词共出现 1 239 次，"进口"一词出现 1 809 次，积极展现了中国主动向世界开放市场、开放共赢的姿态。从图 10－3 可以看出，《解放日报》关

图 10 - 3　《解放日报》关于进博会新闻报道高频词云

于进博会新闻报道主要围绕"中国""上海""进口""服务""国际"等关键焦点展开,说明《解放日报》有关新闻报道重点关注了进博会在贸易、服务、经济以及全球化等方面的作用。值得注意的是,作为进博会的举办城市,上海城市品牌已与进博会紧密相连。借助新闻报道和参展者的口碑传播,上海作为国际大都市的城市形象也会在更大范围内得到巩固和提升,这也为上海城市品牌的提升提供了重要的认知基础。

(二) 新闻报道中进博会分层效应分析

通过词频分析,可以较完整地反映出《解放日报》进博会相关新闻报道中进博会效应的总体性焦点和重点。但仅进行词频分析却不能全面把握高频词汇之间具体关系、不同组合下的特定意义,以及关键词之间更深层次的结构关系,不利于分析进博会效应的具体细节。鉴于此,本文通过语义网络分析,有效识别各个词汇要素之间的关系,更为全面地分析进博会效应。

在进行语义网络分析的过程中,本文首先将整个样本进行分词处理并提取高频词汇,然后过滤部分无意义的词汇后获得特征词表,进而通过构建网络并通过特征分析获得 VNA 文件,最后将 VNA 文件导入 NetDraw 软件,获得最终的样本中高频词汇的语义网络图(见图 10 - 4)。

图 10 - 4 显示了《解放日报》中进博会新闻报道高频词语义网络图所呈现的结构。其中,重要的节点居中,周围环绕一层或多层子群。有关词汇距离中心节点越近,则与中心节点词汇联系越紧密。线条的疏密则代表了共现频率的高低,线条越密,表明共现次数越多。如图 10 - 4 所示,《解放日报》关于进博会新闻报道高频词语义网络图整体呈现出"核心—边缘"结构,大致可以区分出三个层次。

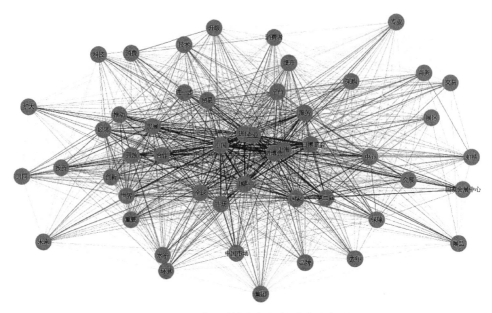

图 10-4 《解放日报》关于进博会新闻报道中高频词语义网络图

通过样本的语义网络图的三个层次,能够将新闻报道对进博会举办目的以及整体效益更加直观地展示出来。

第一层为核心层,包括"上海""进博会""进口""中国""企业""博览会"这些核心词汇,这也是新闻报道所反映的进博会效应的核心内容。进博会作为国际贸易发展史上的一大创举,推进了新一轮高水平对外开放,向国际展示了我国的大国胸襟和国家战略主张,《解放日报》关于进博会新闻报道也凸显了进博会在国家战略中的作用。

第二层为次核心层,是对核心层的拓展,由"国家""市场""贸易""发展""中心"等词汇构成,主要与进博会举办的目的和进博会主要发挥作用的方面紧密相关。上海作为进博会的举办城市,城市品牌已与进博会紧密相连。同时,"服务""合作""开放"等关键词则表明在国家总体战略下,上海积极以一流的、有温度的"上海服务"保障进博会,展示开放创新包容的上海,让全球来宾能够体会到上海的海纳百川。

第三层为边缘层,包括"创新""经济""平台""展示"等词汇,一定程度上展示《解放日报》在进博会相关新闻报道中关于进博会效应的机制性方面。在《解放日报》关于进博会新闻报道文本中,"创新"一词共出现 414 次,体现出创新对于中国的重要性,相关论述包括"中国正在依靠创新前进"等。而中国创新也体现在方方面面,如制度创新、科技创新、思路创新等,进博会的举办在一定意义上也在倒逼中国不断创新。

（三）新闻报道中进博会效应情感倾向分析

进一步对《解放日报》关于进博会新闻报道文本的情绪语境分析,报道基本以正面积极的内容为主,包括"推动""提升""升级""扩大"等积极性词汇出现频次较高(见表10-3)。

表10-3　《解放日报》关于进博会新闻报道中相关积极性词汇及其词频

标签词	词频	标签词	词频	标签词	词频
推动	495	改革	317	全面	236
提升	472	推进	284	健康	184
升级	360	增长	284	优化	183
扩大	342	积极	278	成功	159
专业	339	促进	239	提高	151

这些积极性高频词展示出《解放日报》等媒体对于进博会的报道主要呈现积极态度,很大程度上肯定进博会对于"一带一路"建设、对外开放、消费和产业升级等方面均有带动作用,也体现了进博会作为国际贸易发展史上的一大创举,其成功举办必将推进中国新一轮高水平对外开放。

通过义本内容分析发现,大部分积极性词汇用于描述第二届进博会相较于首届进博会做出的改变。可见,中国极其重视进博会的顺利举办,以期通过进博会这一平台与其他国家尤其"一带一路"伙伴国友好建交,并积极构建"人类命运共同体"。

除此之外,《解放日报》关于进博会新闻报道负面词汇数量较少,其中词频较高的包括"问题"(227次)、"风险"(66次)、"不足"(28次)、"难题"(34次)。结合语境分析发现,该类词汇虽为负面或偏向负面的词汇,但语境也多为积极情绪,如"加强风险预判"等。这表明上海将进博会作为一个契机,以问题为导向,抓住机遇不断创新发展,不断优化创新,时刻准备以更好的姿态迎接每一届的进博会举办工作,为参展商、参展观众以及上海市民提供更好的服务以及服务保障机制,努力以更好的姿态切实推进上海、长三角地区乃至国际的融合发展。

三、新闻报道视角下进博会效应维度分析

我们结合关键词词频分布特点,进一步分析新闻报道视角下进博会效应的

特征维度。通过词频分析,本文基本确定样本高频词的词频呈现"长尾"分布特点。鉴于此,本文剔除"中国""上海""进博会""进口博览会""进口""全球"等与文本主题高度相关的词汇,同时去除词频分析中相对靠后(词频较低)的词汇,最后选取位于中间频次的"长尾词"进行分析,在客观评价的新闻报道视角下进博会效应的维度特征。

(一) 彰显国家宏观战略

根据词频分析结果可以看出,《解放日报》进博会相关新闻报道普遍凸显了进博会在国家战略中的作用。其中,"平台"一词共出现569次,表明新闻报道中对进博会的平台作用较为关注。进博会作为国际贸易发展史上的一大创举,推进了中国新一轮高水平对外开放,向国际展示了我国的大国胸襟和国家战略主张。通过进一步对长尾词分析发现,一些专有名词出现的频率较高,如表10-4所示,这些词与中国国家战略主张基本一致,主要包括以下三个方面。

表 10-4 《解放日报》关于进博会新闻报道中专有名词及其词频

标签词	词频	标签词	词频	标签词	词频
长三角	270	改革开放	182	扩大开放	125
全球化	197	对外开放	157	自由贸易	78
一带一路	184	一体化	147	人类命运共同体	58

1. 推进长三角一体化战略的实现

《解放日报》进博会相关新闻报道文本中的专有名词中,"长三角"作为频率最高的词汇共计出现270次,"长三角一体化"共出现147次,显示出新闻报道对国家战略背景下进博会效应的期待。长三角一体化发展战略于2018年11月5日,由习近平总书记在首届进博会上宣布上升为国家战略,长三角一体化进入快车道,进博会的举办为长三角一体化发展提供机遇。

无疑,进博会的举办为长三角一体化发展提供了新机遇的同时,也推动了上海在长三角地区定位的转型,促进上海由原来"领头"转变成"枢纽"。借此,不断优化资源配置,激活长三角地区的能量和潜能。2019年12月1日,中共中央、国务院印发《长江三角洲区域一体化发展规划纲要》,以上海临港等地区为中国(上海)自由贸易试验区新片区,打造与国际通行规则相衔接、更加具有国际市场影响力和竞争力的特殊经济功能区。进博会在一定程度上成为国家战略部署的特殊平台,同时也有效对外传递出中国的价值主张,并加速国家战略部署的进程。

2. 推进对外开放的持续升级

《解放日报》进博会相关新闻报道文本中"开放"一词共出现1 239次,仅次于"发展"(1 395次)一词。"改革开放"出现的频次位居专有名词出现频率排名第三,共计182次。"对外开放"出现157次,"扩大开放"出现125次。除此之外,习近平总书记在首届进博会演讲中,52次提及"开放",在第二届进博会演讲中共提及"开放"24次。相关表述包括"进一步开放市场""主动扩大开放",中国经济在过去的高速发展得益于市场经济和对外开放,而进博会的举办诠释了中国始终保持开放的心态。中国主动向世界开放市场,始终坚定开放共赢的信念,坚持开放的大门不会关上。《解放日报》进博会相关新闻报道文本相关表述同时还展示出,进博会的举办一方面帮助中国持续不断地开放与发展,另一方面开放升级的速度也正在倒逼中国不断前进。

此外,新闻报道普遍强调了进博会在推动"一带一路"倡议深度落地、积极展现我国在世界上影响力的效应。"一带一路"倡议是21世纪中国经济最重要的战略构想之一,在《解放日报》进博会相关新闻报道文本共计出现184次;"构建人类命运共同体"也是文本中较为常见的表述,共出现58次。习近平总书记2015年第一次在联合国讲坛上阐述人类命运共同体的主要内涵,进博会则积极推动了"用中国声音讲述中国故事"的过程,让各国"搭便车",共同推动共商、共建、共享的全球治理体系。进博会充当了中国发声的重要平台,同时也是践行中国战略的很好呈现。

3. 促进世界经济贸易交流

进博会平台的搭建,让国际看到了中国开放的决心,也提供了更多市场机遇。由此《解放日报》进博会相关新闻报道普遍强调,进博会有利于彰显复杂国际贸易环境下的中国信心。在中美贸易摩擦的大背景下,《解放日报》新闻报道内容普遍对对外贸易持积极态度,如"从长远来看,贸易保护主义对于中国的影响将会非常有限",显示了对中国经济发展的信心。

进博会平台的搭建,让国际看到了中国开放的决心,也提供了更多市场机会。中国近年来一直积极参与国际贸易,为推进贸易投资的自由化、便利化出台了相关政策和举措,向国际社会展示中国扩大开放的决心。《解放日报》进博会相关新闻报道文本中,"贸易"一词出现频次高达1 070次,相关词汇如表10-5所示,包括"国际贸易""服务贸易""自由贸易"等,相关论述包括"在中美贸易摩擦带来全球经济合作不确定的背景下,外资投资者对中国市场以及中国新兴产业发展充满了信心""缩小贸易顺差会是中国举办进博会的可能结果之一"等。

表 10-5　《解放日报》关于进博会新闻报道中贸易相关词汇及其词频

标签词	词频	标签词	词频	标签词	词频
贸易	1 070	贸易便利化	30	多边贸易	28
国际贸易	117	全球贸易	41	对外贸易	23
服务贸易	101	世界贸易	31	货物贸易	13
自由贸易	78	贸易自由化	33	贸易保护主义	9
经济增长	65	贸易升级	22	双边贸易	8

改革开放以来,中国一直积极参与国际贸易,出台了为推进贸易投资的自由化、便利化的政策和举措,向国际社会展示中国扩大开放的决心。此外,经济增长也是相关新闻报道对进博会效应关注重点之一。《解放日报》进博会相关新闻报道文本中"经济"一词出现 914 次,关于经济增长的表述包括"中国经济正向高质量发展阶段转变,出现了前所未有的多元化消费需求"。可以看出,新闻报道较多强调了进博会增强中国经济发展与进口贸易伙伴国的联系,促进其他国家共享中国经济增长等方面的效应。

(二) 助力城市、国家形象提升

在《解放日报》进博会相关新闻报道文本中,大量形容词均与国家、上海城市形象有关,显示出新闻报道较为关注进博会的举办对于上海、长三角以及国家的形象提升方面的正面积极作用。

1. 提升国家形象

如表 10-6 所示,《解放日报》进博会相关新闻报道文本中,与形象相关的高频词包括"创新""安全""便利""特色""全球化""一体化"等。当前,我国在积极营造不断创新、充满机遇的营商环境的同时,向国际展示了一个提倡共享、文明、包容、安全稳定的社会。新闻报道在着重关注进博会集合世界各地的商品及服务、向国际社会宣介习近平新时代中国特色社会主义思想等作用的同时,也紧密关注进博会在塑造企业品牌、推广国家形象、传递价值观等方面的效果。结合高频词分析可知,新闻报道关于进博会在国家形象提升方面的作用以"创新""安全""便利"为主要宣传点。

表 10 - 6　《解放日报》关于进博会新闻报道中形象提升相关词汇及其词频

标签词	词　频	标签词	词　频	标签词	词　频
创新	697	机会	188	一体化	147
升级	360	共享	188	文明	144
安全	267	品质	179	优质	134
机遇	208	标准	169	窗口	134
全球化	197	便利	163	包容	115
特色	197	完善	152	一流	117

　　首先,创新。"创新"一词共出现 697 次,表现出我国对创新的关注,这也是我国进一步高质量发展的重要动力。相关论述包括"中国正在依靠创新前进"等,而中国创新也体现在方方面面,如制度创新、科技创新、思路创新等,进博会的举办在一定意义上也在倒逼中国不断创新。

　　其次,安全。"安全"一词共出现 267 次,内容主要与进博会开展期间的安全保障以及社会和谐稳定相关。从新闻报道中可以看出,进博会对于安全的重视体现在食品、网络、通信等各个方面,时间跨度从筹备到展会结束,显示了我国持续不断为进博会以及营商环境做好保障工作的努力。

　　第三,便利。"便利"一词共出现 163 次,相关表述包括"中国致力于推动经济全球化和投资贸易自由化、便利化""便利是通贸的灵魂"等。展示出便利对于通贸合作的重要性,同时也体现出为保障进博会顺利展开,政府、企业等多方面努力为贸易投资、交通、通关等便利化加码,为海外参展客商在中国做生意提供便利的服务及环境。

　　2. 塑造上海城市形象

　　进博会不仅是物流,更是文化流。进博会在宣传城市形象以及上海文化的同时,也促进更加多元和深层的跨文化沟通和合作,其成功举办必将给文化层面带来极其深远的影响。

　　在上海城市形象上,《解放日报》进博会相关新闻报道凸显了多元和深层的跨文化沟通和合作。关于上海形象的报道关注点主要有"国际大都市""魔都""卓越全球城市"等城市品格,具体关注点主要在"上海服务""上海购物""上海制造""上海文化"四大品牌上。相关表述主要有两个方面:首先,服务。在此类词频中"上海服务"出现频次最高,主要围绕"打响上海服务品牌""展示上海服务窗口的良好形象",新闻报道普遍强调了进博会充当"上海服务"最好名片的作用。其次,文化。"文化"一词词频为294次,频次较高的相关表述有"海派文化""航运文化""石库门文化""中华文化""中国文化"等,一方面展示出上海文化的丰富性以及文化自信的重要内涵,另一方面也表现出,就进博会对于文化传播的作用而言,新闻报道不仅关注其对举办地上海独有的文化,也关注其更加出色地彰显中国文化内涵和魅力的作用。

表 10 - 7 《解放日报》关于进博会新闻报道中上海城市形象相关词汇及词频

标签词	词 频	标签词	词 频	标签词	词 频
上海服务	33	服务全国	12	城市能级	9
上海购物	18	上海制造	12	大国风范	5
城市形象	17	城市品格	12	上海文化	4

(三) 营造良好营商环境

以进博会为契机,上海积极营造不断创新、充满机遇的营商环境,相关报道表述有"上海迈向未来,依靠'吃改革饭、走开放路、打创新牌'""进博会真正成为上海高水平对外开放的'发动机',成为提升全球资源配置能力和全球影响力的'助推器'"等。

表 10 - 8 《解放日报》关于进博会新闻报道中营商环境相关词汇及词频

标签词	词 频	标签词	词 频	标签词	词 频
平台	569	科技	358	营商环境	204
采购	563	商务	326	签约	191
技术	555	金融	304	出口	189
投资	489	需求	300	海关	181
环境	463	医疗	288	物流	174
交易	446	生活	284	政策	171
中国市场	440	交通	277	经贸	151
品牌	425	智能	246	保税	136
消费	395	银行	237	通关	124
管理	383	质量	236	消费升级	101

进博会的举办充分展示了中国市场的吸引力,进博会作为一个公共平台,在维护多边贸易体制、支持经济全球化的举措方面产生了广泛影响,也因此不断提高中国市场的影响力和美誉度。互利共赢是中国举办进博会的初心所在,优质的营商环境对于吸引更多的企业和机构落户上海有积极作用。

从《解放日报》关于进博会营商环境方面的词频统计可以看出,上海从需求侧出发,通过出台科创、金融、人才等相关政策作为支撑,持续放宽市场准入,通过优化进口环节、提升通关便利等多个机制,努力打造更开放的国际一流营商环境,为企业提供快速、精准、高质量的服务。

1. 提升投资便利

进博会为中国带来了重要机遇,上海也会因此迎来外资投资高潮。《解放日报》进博会相关新闻报道中,"投资"一词出现 489 次。在国际投资持续走低,以数字化、网络化、智能化为特征的新工业革命引领产业和经济发展变革的背景下,进博会将为中国带来机遇。由此,新闻报道普遍强调了通过进博会这一平台提供更加便利投资环境的作用。通过文本内容分析发现,上海相应地成立了"涉外免费办公室",为海外展商提供一站式投资服务,持续不断地优化投资环境,为外商投资企业营造便捷宽松的发展环境。

2. 强化贸易便利

《解放日报》进博会相关新闻报道中,"采购"一词共出现 563 次,显示了新闻报道对于贸易的关注。贸易便利化主要体现于物流便利化、通关便利化、仓储便利化,上海正在不断地完善和提升这三方面的便利程度。在与之相关的新闻报道关键词中,"智能"一词共出现 246 次、"物流"一词共出现 174 次、"海关"一词共出现 181 次、"政策"一词共出现 171 次、"保税"一词共出现 136 次、"通关"一词共出现 124 次,一定程度上表明了新闻报道对贸易便利性的关注。

对于任何一个行业而言,物流都是保证企业高效经营的重要方面,而相对于进博会而言,物流的高效与否同样影响各个国家、各个企业对于参展的体验性以及企业落户的可能性。因此,上海非常重视物流的高效便利,相应地设立了物流中心,提供智能物流服务。例如在首届进博会中"为确保首届进口博览会期间餐饮食品供应和安全,设在展馆外的中转物流总仓覆盖 200 多家门店和供应商、6 650 种商品品类,约 50 辆物流保障专用车与 120 多名驾驶员和配送工"。

通关便利是另一个影响营商环境的重要因素。在进口贸易中,通关、准入标准、标识等容易给企业造成困惑。上海设立快速通关绿色通道,实现海关官员快速审核、数秒实现通关,大大提升通关效率;针对特殊货物,上海海关专门推出快速提前报关、空港直接验放、"直通式通关"试点等多种通关便利方式。

仓储保税便利也将极大程度提升营商环境。进博会通过打造虹桥进口商品展示交易中心项目成功实现"展品变商品",为参展商提供"参展一周、服务一年"的服务。虹桥商务区保税物流中心(B型)将为展品提供保税仓储、物流等服务,作为目前国内开放程度最高的保税库,进博会结束之后,将保证展品可以在保税物流中心实现保税展示展销的常态化,同时持续不断发挥进博会溢出效应。

3. 完善政策便利

上海依托各区出台科创、金融、文创、人才等政策支撑,实现与企业共赢,这也是《解放日报》进博会相关新闻报道关注的重点之一。例如多区为企业服务提供更多精准服务,包括下发文件、设置保障组,相关表述有"设立进博会服务'专窗',建立系统服务体系,合力解决企业各类诉求。提供线上线下'专人'答疑,实现 7*24 全天候实时咨询服务。建立重点参展商和采购商'必访'机制,为企业提供'专项'服务方案。为企业搭建'专业'平台,拓宽企业间合作渠道,实现互利共赢"。

除此之外,为保障进博会顺利举办以及参展商的顺利参展,中央各部委陆续出台一系列支持政策,为企业扩大进口减负,助力营商环境完善和提升。

(四)提升基础保障水平

为了更好地服务进博会,服务及设施保障是《解放日报》进博会相关新闻报道的关注重点。上海积极以一流服务助力进博会,"服务"一词在新闻报道文本中共计出现 1 999 次,仅排在"中国""进博会""上海"之后,频次排名第四。除"上海服务"之外,主要表述还包括"金融服务"(92 次)、"服务业"(35 次)、"服务全国"(12 次)、"一站式交易服务"(10 次)、"精准服务"(8 次)。而关于"服务保障进博"的论述主要分为两类,第一类是进博会场馆运行服务,包括服务水平、服务环境、服务窗口、知识产权保护等相关服务建设和提升以及场馆运行配合,以及现场志愿者翻译、观展导购等相关服务;第二类是进博会基础建设的服务描述,包括通信、金融、医疗、供电等行业所提供的服务保障以及住宿、餐饮、购物、文化、旅游等方面提供配套服务保障措施,以及"涉外免费办公室"等相关机构。

表 10-9　《解放日报》关于进博会新闻报道中服务相关词汇及其表述

类　型	相　关　表　述
服务建设及提升	"最美服务窗口""提高服务水平""优化服务环境"
志愿者服务	"增加中英文双语服务""多语种服务进口博览会"
各行各业配套服务	"提供便捷的医疗和急救服务""全面提升上海通信、加油站等行业窗口服务能级"
进博会现场配套服务	"无论前方记者还是后方统筹、技术团队,都能获得及时、完善的服务""发挥新闻中心窗口作用,为中外媒体提供专业、高效、便捷的服务保障"
相关服务窗口建设	"虹口就已成立'涉外免费办公室',对接进口博览会溢出效应,为海外展商提供一站式投资服务""提高标准水平,全力做好城市窗口服务保障"

1. 志愿服务保障进博会

志愿服务是进博会的一大亮点。《解放日报》进博会相关新闻报道文本中,进博会志愿者"小叶子"一词共计出现 63 次。根据有关新闻报道的数据可知,共计 5 881 名志愿者投入志愿服务,主要是来自上海 38 所高校大学生。其中参加首届进博会的比例接近 20%,市红十字会招募 250 名红十字会志愿者,除此之外,还有苏浙皖三省大学生志愿者,部分在沪就读"一带一路"国家留学生志愿者以及就读上海相关高校和兄弟省市小语种志愿者。"本市共创建 300 多个城市文明志愿服务站,组建 200 多支城市文明志愿服务队,约 5 万名城市文明志愿者上岗服务。"志愿服务为进博会成功举办做出了突出贡献。

2. 各区域协同努力

与此同时,上海各个区也积极加入"服务进博"的队伍之中,完善城市服务功能、提升城市形象、促进经济社会发展。《解放日报》进博会相关新闻报道文本中,"青浦""闵行""虹口"频次位列前三,分别为 117 次、67 次、55 次(见表 10-10)。

青浦作为展会所在地以最佳状态迎接这一盛会。在进博会基础建设的过程中,各区域协同努力,确保城市运行安全有序、社会大局和谐稳定,持续推进市容环境整治、城市景观塑造,提高窗口服务质量,加大对重点行业、重要区域的检查力度,及时整改优化。由此,以进博会为契机,上海各区努力展现更高水平的"上海服务",服务长三角、服务大局,惠及苏浙沪皖老百姓,努力打造"世界会客厅"。

表 10 - 10 《解放日报》关于进博会新闻报道中上海区域词汇及词频

标签词	词 频	标签词	词 频	标签词	词 频
青浦	117	浦东新区	20	宝山	9
闵行	67	静安	16	黄浦	8
虹口	55	金山	15	徐汇	8
松江	52	嘉定	14	崇明	2
普陀	34	奉贤	12		
长宁	24	杨浦	12		

3. 科技加持助力

科技创新是我国科技发展、产业优化升级、生产力整体跃升的重要战略资源。当前,人工智能(AI)、5G 技术已在我国获得蓬勃发展。《解放日报》进博会相关新闻报道文本中,"5G"一词共出现 247 次。第二届进博会实现 5G 信号全覆盖,充分利用 AI、"5G＋MR""5G＋VR"、大数据等多项创新高科技全力以赴做好进博会保障工作,实现更智能化、更便捷化。同时,有关企业也在努力做好科技保障工作,例如上海移动努力打造"4G＋5G 协同的精品网络,创新推出 5G 标杆示范应用",升级"会呼吸的网络",满足大客流之下的流量调节、信号增幅等需求,助力营商环境更加数字化、智能化、高效化。

(五) 溢出带动效应明显

进博会将成为真正意义上的"战略平台"。从《解放日报》进博会相关新闻报道文本中可以看出,进博会溢出带动效应除了体现在加快建设联动长三角、服务全国、辐射亚太的进口商品集散地以外,还体现在制度以及政策的加快完善、城市居民生活水平提高以及中国传统品牌的转型升级三个方面。

1. 完善制度政策措施

从词频分析可以看出,进博会举办将成为真正意义上的"战略平台",制度政策则是保障进博会溢出效应的关键所在。在《解放日报》进博会相关新闻报道文本中,"政策"一词共出现 171 次,与"制度""政策"相关的表述包括"国家有关部门出台 20 多项便利化举措,均已落实""黄浦区出台了《关于对接进博会鼓励引进品牌首店暂行办法》《上海市新一轮服务业扩大开发若干措施》(40 条)、《上海市人民政府关于本市促进跨国公司地区总部发展的若干意见》(30 条)"等,不断放大进博会制度创新效应,加快建设更加有效的制度保障,推动区域合作走向一体化制度创新。

2. 提升市民生活水平

通过对《解放日报》进博会相关新闻报道文本内容分析可以看出,市民满意度得到有效提升,生活水平提升,具体表现在许多进口食品"飘洋过海"出现在了普通百姓的餐桌上、价格更加优化、等待时间逐渐缩短等。进博会促进了市民"买买买""买全球"活动的进行,不仅惠及上海市民,而且让更多中国消费者能够享有全球优质的资源,进而促进消费升级。

在城市基础建设方面,《解放日报》进博会相关新闻报道显示,为了配套进博会,上海积极在河道治理、绿化治理、市容管理等方面发力,各区也不断完善和提升交通工程、水环境改善、绿化建设、区域综合治理、能源建设、社会安全保障等环境和设施,为世界各地的参展商展现上海形象的同时,也为上海以及周边地区百姓提供了更好的生产和生活环境。

表 10-11　《解放日报》关于进博会新闻报道中城市建设相关词汇及词频

标签词	词　频	标签词	词　频	标签词	词　频
交通	277	能源	84	精细化管理	32
绿化	89	市容	59	垃圾分类	30
市民	89	河道	44	绣花功夫	14

3. 促进"老字号"焕发活力

在对《解放日报》进博会相关新闻报道文本词频分析过程中,"文化"一词词频较高,表明新闻报道较为关注进博会传播上海文化、中国文化契机的作用,以及对于宣扬上海老字号品牌和非物质文化的效用。具体说来,新闻报道文本中"老字号"一词共计出现 105 次、"非物质文化遗产"一词出现频次较少,仅 16 次。选取相关新闻报道分析可以看出,进博会对弘扬上海非物质文化遗产以及老字号品牌的推广有非常重要的作用。特别是,第二届进博会首次将文化、非遗、创意等新元素引入,打造一个面向世界、弘扬民族文化的展示交流平台,带动老字号品牌的转型升级、助力老字号品牌的内涵"活起来",推动"老字号"更好地接触市场并与时代接轨,焕发新的品牌生命。

综上,本文在收集《解放日报》进博会相关新闻报道的基础上,运用词频分析、语义网络分析等方法,从新闻报道视角系统研究了进博会作用及其维度。通过分析可以发现,新闻报道的关注点与国家举办进博会的原本期望基本一致。

通过对《解放日报》新闻报道的分析可以看出,进博会虽然只有短短六天,但能量和意义是无法估量的。进博会的举办具有时代意义,不仅有利于上海加快进博会制度化和常态化建设,而且有利于推进政府主导向市场主导转化。当然,在进行词频分析和语义网络分析的过程中发现,《解放日报》对于进博会的报道更加立足于上海市,尽管对于贸易以及经济也有很大篇幅的报道,但侧重面更多体现在进博会的服务与基础建设上。此外,考虑到媒体视角的局限,需要与问卷调查相结合,进一步研究进博会效益效应及其维度特征。

第四部分

上海营商环境优化专题研究

第十一章 优化人才环境，培养卓越"泛酒店业"人才

第一节 以优化人才环境为抓手，落实"五个人人"发展新维度

在新时代推进上海城市建设，必须深入贯彻落实习近平总书记提出的"城市是人民的城市，人民城市为人民"的重要论断。城市是人类居住生活的重要场所，上海要深刻认识和把握城市建设的方向性问题，立足实际，借鉴世界大城市发展经验，统筹生产、生活、生态三大布局，积极探索社会主义现代化国际大都市建设新路径。

为了研究上海人才环境，本节将建设宜居生活环境纳入考量范畴，通过调查问卷与案例借鉴方式，客观分析上海人才环境的现状与不足。分析发现，被调查者对上海市的人才环境总体较为满意，但上海就业选择和创新创业机会、住房价格和租金水平、政府的办事效率和工作作风、廉租房和公租房等住房保障体系等因素却是在沪人才普遍觉得仍需提升的地方。该研究不仅有助于精准分析和判断上海"五个人人"的发力方向，也为在更大范围和更宽领域优化"十四五"时期上海营商环境、提升国际城市排名提供有益参考。

一、"近悦远来"是典型的人才"用脚投票"机制

《论语·子路篇》记载："叶公问政。子曰：'近者悦，远者来。'"道出了为政的基本目标，是要让治下人民欢悦无怨，远处的人慕名而投。人的劳动创造一切。

城市对人才的吸引力，一定程度上取决于城市生活品质。因追求"舒适物"而产生的人才流动，是当前人才流动的重要现象。因此，在城市发展的经验中，舒适物偏好作为一种消费价值观，决定了人才的"择地行为"，是城市吸引人才集聚的重要原因。舒适物的数量、质量影响了人才"用脚投票"的流动机制，并影响了他们在城市中的获得感和幸福感。

影响高素质、高质量人才择地而居的因素是优化营商环境中必不可少的关键一环,但世界银行的营商环境的评价体系多从企业"获得感"角度测度城市的营商环境,忽视了从事产业活动的人的"获得感",特别是各类人才对于高品质生活的需求。因此,从"以人为本"的思维和导向出发优化和进一步建设营商环境是新时代的重要内容。上海要积极在更大范围和更宽领域优化营商环境,实现上海城市的高质量发展与软实力的提升。

一是要更加重视人才"宜居"环境,在"公司选址经营"与"人才择地生活"之间实现平衡与协同,更好地服务人才"择地而居",为上海城市发展提供长足的动力。

二是要更加重视人才"舒适物"偏好,在上海城市工具性功能(工作)的基础上,提升上海城市的目的性功能(享乐)。

三是要更加重视人才"休闲"供给,建设多样化和便利化的服务体系,营造能够留得住各类企业和人才的营商、生活环境。

二、案例研究

(一) 英国剑桥科技园

1. 园区介绍

1969 年,英国政府出台《莫特报告》,提出以研究和开发为基础的剑桥企业发展战略和在剑桥建立科技园的设想。受此推动,一年后剑桥大学圣三一学院建造了英国第一个科技园——剑桥科技园。1973 年,剑桥科技园迎来第一家企业 Laser - Scan。随后,英国跨国企业的子公司纷纷进驻。20 世纪 70 年代末,多家银行进驻剑桥科技园,为高科技企业的发展创造了必要的金融环境。此后,一些主要由剑桥大学学院衍生出来的本地小型科技公司拔地而起。

20 世纪 90 年代,知识经济初露端倪,剑桥科技园凭借雄厚的科研实力,抓住新的经济增长点,催生出一大批活跃在科技前沿的企业。2012 年 3 月 21 日,《商业周刊》盛赞剑桥科技园为"大剑桥",以表彰园区数十年辉煌的创新成就。

2. 发展意义

一是,创造剑桥现象,凸显品牌效应。英国剑桥科技园的经济发展创造了"剑桥现象"。"剑桥现象"这一概念,最早由 Segal Quince and Wicksteed 公司在 1986 年的一篇研究报告中首次提出,主要描述了剑桥科技园自 1970 年成立之后,短短几年时间在剑桥市及其周边地区如雨后春笋般涌现出的数百家高科技企业的现象,此后催生出一批又一批活跃在科技前沿的企业,使得剑桥科技园成为欧洲最成功的高科技园区,与美国的硅谷一道享誉世界。

二是,形成特色经济生态,资源人才可持续发展。经过多年发展,剑桥科技园已经形成了在以大学、新兴公司和大型跨国公司密切协作的产业网络中开展业务的极具创新特色的经济形态,并不断吸引着来自全世界的投资。在过去的30年中,剑桥科技园平均每年国民生产总值增长率达6.3%,高出英国3.4%的平均水平,累计创造税收550亿英镑,出口总值达280亿英镑,为英国东部经济注入了无限的发展活力。使它赢得了"硅沼"的名声,并成为英国新经济中枢的主要组成部分。

园区以可靠的前景、具有诱惑力的挑战和高薪,吸引了欧洲地区成千上万的科技人才。他们中的很多人就在英国最富有古典建筑气息的剑桥大学周围地区安家落户,成为园区忠实的一分子。

3. 案例经验及启示

剑桥科技园是属于市场主导型的高科技园区,市场机制十分完善,园区的成长、演化基本上依赖市场与产业互动的方式来完成,商业化、市场化气氛非常浓厚,政府在其中的调节作用也往往是事后调节。园区的蓬勃发展离不开在市场环境中大学、企业和政府的独特合作模式和以此形成的生态系统。

一是,剑桥大学和科研机构的科研支撑。剑桥大学作为全球顶尖学府,一直以来为园区提供人才输送、科研支撑、品牌背书和文化铺垫。高校和科研机构被认为是知识创新的源头,依托于高校和科研机构的发展使剑桥科技园区保持创新活力。大学和园区企业、学生和创投者之间的良性网络关系,促进各方投入创新的积极性。如果学生同意和学校共享专利,则与学校签订计划,在获得第一个10万英镑时,个人、学院和学校分别按照9∶1∶1进行分成;20万镑时,按照6∶2∶2分成;超过20万镑后,按照34∶33∶33分成。如果学生不同意与学校共享专利,则按照85∶7.5∶7.5分成,专利归学生个人所有。合理固定的模式,使得投入创新的各方均能有所收获,科研成果为产业创新贡献技术力量,解决高科技企业的科研瓶颈,为剑桥科技园提供源源不断的动力。而科技成果的转化,应用研究与基础研究的结合,又能兼顾科技园和大学的各自利益,既有益于推动大学的发展,又促进了地方经济的发展。

二是,当地政府的支持。英国政府在剑桥科技园发展过程中的角色渗入较少,但是政府的政策倾斜、资金支持以及完善基础设施和优化营商环境的努力仍助推剑桥科技园的发展。园区的基础设施得以完善,在一定程度上帮助了中小企业的发展,解决了在科技创新和产出上的困难,基础设施和服务的完善在一定意义上也是人们心中科技园形象的完善。例如这里有英国最好的物流服务、专业的风险投资机构、欧洲最好的会计师事务所和产业律师。值得一提的是,政府和园区共同举办的"剑桥企业家高峰会谈"已经成为整个欧洲科技界一年一度的盛事。

三是,企业间的协调协作效应。园区运营方吸引不同类型的企业及服务商入驻,形成产业聚集的关系网络,保证资金、人才、技术的自由流动,帮助企业和行业之间建立广泛的联系。在英国,外资公司与本土公司享有同等投资优惠,并且英国的公司税率在欧盟国家中是最低的,增强了该地区企业的竞争力。并且,剑桥园区吸纳了很多小企业,在小企业成长的过程中,形成健康的良性竞争环境,小企业非常擅长使用极少的资源,专注于各自的擅长领域,其核心业务非常明确,大规模地制造受到市场欢迎的产品。有些小企业非但没有在市场竞争中被淘汰,反而站稳了脚跟,逐步做大,开始在全球市场有了一定的影响力。不同企业之间的竞争和协作有利于剑桥科技园区经济组织的新动向和新发展,商业化浓厚的企业文化也吸引了越来越多的企业和年轻人才投入创新创业。

(二) 纽约百老汇

1. 发展历史

百老汇的原意是"宽阔的街",在第七大道和43街交汇的时报广场是百老汇的"心脏",路两旁分布着众多的剧院,是美国戏剧和音乐剧的重要发源地,"百老汇"因此成了音乐剧的代名词。百老汇的历史可以追溯到19世纪初,其剧院文化在19世纪20年代初开始蓬勃发展,当时的百老汇大道已经成为美国戏剧艺术的活动中心。19世纪20年代末是百老汇艺术的鼎盛时期,1925年这里的剧院达到80家之多,但这种好景被20世纪30年代初的经济危机画上句号。百老汇周围的剧院被陆续关闭,甚至被一些色情场所取代,成为旅游者和当地居民不敢涉足的地区,声誉一落千丈。

纽约新政府上台后,意识到充满生机的时报广场和百老汇产业将促进城市的发展,理解了百老汇及其代表的戏剧文化对纽约城市的重要意义,为此实施了振兴百老汇的计划。同时,扶持非营利机构以培育市场。经过多方的努力,百老汇实现了西方戏剧行业最高的艺术成就和商业成就。此时,"百老汇"成为美国的重要概念之一,既代表地理概念上的"百老汇剧院区",又代表诞生于百老汇地区的音乐形式即"百老汇音乐剧",同时还代表着整个百老汇所蕴含的产业链。

2. 发展意义

一是，百老汇促进纽约经济增长。百老汇形象的重新塑造和戏剧文化的蓬勃发展，为纽约市的经济发展提供了动力。一方面，来自纽约城市居民以及国内外的旅游者在百老汇的戏剧消费是百老汇的主要经济来源，也是对纽约本地经济影响的核心来源。百老汇及其戏剧文化的成功打造为纽约市带来了新的经济增长点。另一方面，百老汇众多的游客促进了周边的间接消费，餐厅、酒店、购物商场以及一些零售业均受到百老汇经济影响的辐射，进而贡献于地区的经济发展。再次，百老汇的产业本身打造了一条完善的产业链，包括剧目的制作和上演、剧院的打造等，创造了就业机会。因其本身的知名度，不仅能够解决部分本地居民就业问题，并且能够成为吸引人才流入纽约市的锚点。

二是，百老汇提升城市生活文化环境。百老汇地区的改善和发展不仅提高了周边居民的生活质量以及安全感，同时也提高了纽约市居民的生活质量，成为休闲文化享受的好场所，进而以百老汇为中心点带动纽约市的文化产业进一步发展。同时，百老汇作为西方戏剧文化的标杆，大大提高了纽约市对内对外的文化形象，在一定程度上提高人们对纽约城市的认可度。具有活力和特色的文化氛围往往能够吸引人才流入以及相关企业进驻，重要的是积极正面且高美誉度的文化环境使人们对城市产生自豪感，不仅对城市的认知更加正面，也对自我的认知更为积极。

3. 案例经验及启示

一是，政府的管理推动百老汇的振兴。百老汇地区衰退之后，新政府以强有力的姿态对该地区的文化产业进行干涉。一方面，百老汇周边的民事犯罪活动和暴力犯罪活动是居民和游客来这里看戏剧的阻力。政府部门积极全方位打击该地区的违法犯罪活动，改善周边的社会治安，恢复人们的安全感，使人们不再害怕进入该地区。同时调整周边的产业，清理色情产业占用的戏剧演出场所，恢复戏剧文化的本质，促使其健康积极发展，改善人们对该地区的形象认识。

二是，非营利机构的配合激发市场活力。在政府干预的同时，非营利机构也开始培育市场，促进百老汇及时报广场的发展。其中，非营利机构所做的努力包括促进公共安全、促进公共卫生、清理交通堵塞情况，并且每年在时报广场庆祝拉拢人气。百老汇地区的声誉在政府和非营利机构的配合中逐步重新建立，百老汇的戏剧也慢慢回归，成为城市休闲娱乐的中心。

三是，产业链的完善保证了百老汇的创新能力。政府和非营利机构在推动百老汇地区健康发展和戏剧文化振兴中起到了关键作用，而百老汇自身构建的完善的产业体系则保证了文化产出的质量和水准，从上游的创意、策划、投资、剧场整修,到演出组织、演员培训、票房推销、宣传活动、纪念品销售等,形成了完整的创意产业链条,保证了百老汇戏剧的生命力,使得戏剧的创作主题和表现以及市场的营销时时跟踪观众的反馈,进行不断地创新和改变。

三、上海人才环境问题调研分析

我们对华东师范大学国家大学科技园的企业家、部分 MBA 学员进行了调查。华东师范大学国家大学科技园是上海市普陀区人民政府与华东师范大学共建的大学科技园,集科研、人才、资本、产业等优势于一体;MBA 学员入学前就有相当的实践经验,且分布行业广泛,大部分为企业的中高层管理人员。调研样本分布集中在企/事业单位管理人员(占 24.0%)以及私营企业主/个体经营者(占 26.0%),可以在一定程度上反映出在沪工作的人才需求。

对上海城市人才环境满意度问卷进行分析,可以发现,被调查者对上海市的人才环境较为满意,总体评分为 3.97 分(满分 5 分,下同)。其中,公共基础设施及社会环境的满意度评分最高,为 4.38 分,其次是休闲和教育环境,满意度评分为 4.34 分,而生活及自然环境的满意度评分最低,为 3.52 分。

(一) 就业和创新创业环境有待提升

对于工作环境,90%以上的被调查者持满意态度。精英人才多、人才交流活跃得到被调查者的普遍认可,均分为 4.05 分,将近 80%被调查者较为满意。但是,对人才对上海就业选择和创新创业机会的评价却较低(均分为 3.88 分)。

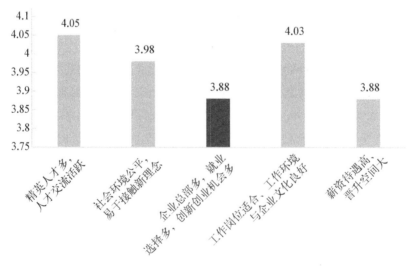

图 11-1　人才工作环境满意度

(二) 住房成本制约人才发展

上海在环境保护上的努力获得了可观的回报,空气质量在中国城市营商环境排名中,超过北京排在了首位。被调查者对上海市空气质量和气候的满意度达到 3.62 分。此外,被调查者对城市整体的绿化水平较为满意,均分为 4.07 分,是生活及自然环境的满意度中评价最高的类别。

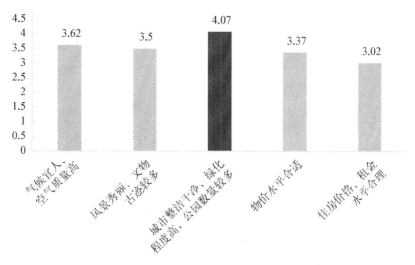

图 11 - 2 生活及自然环境满意度

被调查者对上海市的住房价格和租金水平的满意度评分仅有 3.02 分,是所有类别中评分最低的一项,仅有 9% 的被调查者非常满意,15% 的被调查者较为满意。通过调查可见,上海的住房价格和租金水平拉低了人们对上海人才环境的满意度。

此外,被调查者对上海文物古迹和风景的评价较低(3.50 分),显示出自然环境对人才重要性有待提升。保护遗留下来的文物古迹没有得到有效的利用,其知名度和文化效应并没有充分地彰显,以突出上海城市的特色。实体文物古迹的保存仅仅是物质形态的展现,而激发人们的文化自信以及城市生活自豪感的往往是精神形态的要素,如依托于文物古迹中体现的文化观念、传统习惯、社会语言等。这些要素仍有待深度挖掘。

(三) 政府服务水平依然有待提升

被调查者对上海市的对外交通及对内交通的满意度分别为 4.57 分和 4.53 分,60% 的被调查者以上表示非常满意。被调查者对互联网等信息通信基础的评价同样很高,将近 70% 的被调查者持非常满意的态度。

针对政府和相关职能部门的工作,被调查者也给出了较为满意的态度。在相关部门的治理下,社会治安状况得到人们的认可,仅有1‰的被调查者比较不满意。而政府的办事效率和工作作风仍有提升的空间(3.96分),以提高人才环境的满意度。

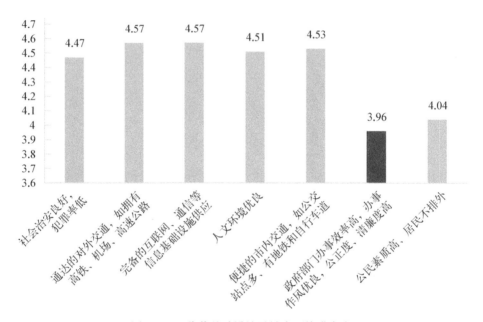

图11-3 公共基础设施及社会环境满意度

(四) 公共服务各维度有待完善

在上海的公共服务环境中,人们满意度最高的是上海的医疗服务,评分为4.04分,但在发展中仍存在不均衡不合理的问题需要解决。例如,部分类别的医院明显不足,上海的中医院仅有19家,远低于城市的平均水平。

上海的落户政策的满意度评分为3.66分,对人才引进、创业政策的满意度评分为3.55分。户籍政策的松动以及适当满足人们的预期能够提高人们在上海工作的积极性和社会稳定性。满意度评价得分在一定程度上反映上海市目前的户籍政策能够满足上海市居民和相关人才的预期。

在公共服务环境中,被调查者对廉租房、公租房等住房保障体系的满意度评分相对而言较低,为3.35分。住房保障体系是保障低收入阶层的住房福利,上海是全国率先建设廉租房供给体系的城市之一,其政策不断地调整而日渐成熟,但是覆盖面窄、房源供给有限等问题依旧存在,不能全面解决部分人住房困难的问题。

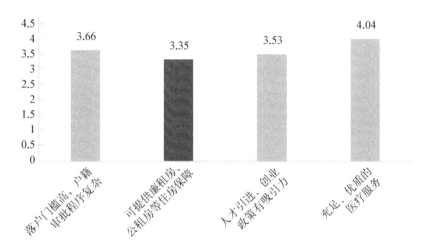

图 11-4　公共服务环境满意度

(五) 休闲和教育环境对人才有较大吸引力

在被调查者中,97%的被调查者对上海市的休闲场所表示满意,其中超过60%持非常满意的态度。98%的被调查者对商业娱乐等购物场所表示满意,并且超过50%持非常满意的态度,这在一定程度上反映了上海作为国际性的大都市能够满足人们购物消费休闲娱乐的需求。对于日常的消费,被调查者有96%表示满意。

针对上海的基础教育的打分,均分为 4.1 分,即比较满意。上海基础教育用一系列举世瞩目的成绩,树立了上海教育的"国际品牌",彰显了教育的文化软实

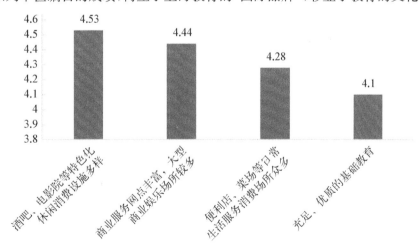

图 11-5　休闲和教育环境满意度

力。例如上海学生在 15 岁初中生参加的国际学生评估项目(PISA 测试)中多次全球夺冠,在以初中教师为主体的教师教学国际调查(TALIS项目)中 10 多项指标全球领先,小学数学教育经验"输出"英国并被誉为"上海数学教学模式"等。

四、对策建议

(一)更新发展理念,形成新的城市发展逻辑

城市成功的关键,仍在于吸引并留住人才。要扎实做好"五个人人",形成"环境吸引人才—人才集聚产业—产业繁荣城市"的城市发展新逻辑。

打破仅吸引企业的单一思维,以及延续减免税收、修建大型文体设施、商业综合体等相对"老一套"的城市政策,更多从城市品质或城市精神、街区小环境入手,创造"接地气、获得感强"的人才环境,吸引更多高端人才。

(二)尊重人才规律,提升城市生活品质

上海要尊重城市和人才发展规律,全面提升城市生活品质。

一是要进一步拓展生产、生活服务内涵,提升资源配置能力,增强互动性、体验性、辨识度,坚持"城为民建、市为民享",让不同人群均能找到喜欢上海的理由。

二是要下足"绣花"功夫,提升服务管理精细化、便捷化、国际化水平,强化公共服务配套及日常管理,持续扩大高品质服务和优质产品供给,营造良好的环境品质和城市风貌,更好地满足市民、人才的新需求新期待。

三是要推动上海功能优化,在提升城市经济、人文、生态、生活品质方面多管齐下,多留经典,彰显人文之美,把上海建成经济功能与生活功能并重的城市,为人才高品质生活提供有力支撑,推动上海实现高质量发展。

四是要改善城市居住环境,提高市民、人才的生活质量,让广大市民、人才生活得更方便、更舒心、更美好。

(三)精准补足短板,建设城市舒适物

精准发力,以"功成不必在我"的精神境界和"功成必定有我"的历史担当,让城市管理更加精细化、人性化、智能化,让城市美起来、活起来,更加"宜居、宜业、宜创新",将上海打造成为"近者悦、远者来"的美好城市。

一是在推进"放管服"改革的同时,"十四五"时期上海亟须将建设宜居生活环境纳入考量范畴,通过构建更为全面的评价体系,客观分析上海营商环境的现状与不足,从而提出针对性的策略,进一步提升"十四五"时期上海城市竞争力、

吸引力和创造力。

二是城市舒适物是人才环境的重要支撑。利用城市舒适物系统吸引人才，不仅要获取城市舒适物资源，还要有针对性地提高城市舒适物系统的协调性，支撑人才的发展。上海城市舒适物的建设不仅在数量上要富足，而且在质量上要提升，注重舒适物之间的配套性和综合性，共同构成良性发展的舒适物系统，多层次地满足人们的生存生活需求。

（四）深挖城市文化，提升城市自信

提升城市自信，不仅能够推动城市发展，更是吸引人才、留住人才的重要手段。每个城市都有自己的文化和品格，深挖城市文化，树立独特的城市形象，打出具有文化内涵的城市品牌，是提升城市自信的关键手段。

上海独特的海派文化，既有传统吴越文化的厚重与雅致，又有国际都市的开放与现代，成为上海极具吸引力的标签。而上海具有的众多大大小小的历史遗存和文物古迹正是上海文化的物质载体。依托于上海的文物古迹，挖掘上海文化，讲好上海故事，使文化得以发展和发扬，是人们凝聚自豪感的前提。而要做好上海文化，更要注重跨界和创新，使文化融入上海品牌当中，赋予上海以独特的文化魅力。

（五）打造多维合力，激发市场活力

坚持政府引导和市场主导"两手抓"，充分发挥政府、社区、企业和员工等主体的合力，实现各方收益增加，形成可持续的内生动力。

政府引导方面，可以积极制定政策，发挥政策工具对城市舒适物建设的引导作用。例如，实施中小公司相互交织、功能混合开发、公共空间（零售公共空间，如咖啡馆；公共创新空间，如公共创新中心）以及 24 小时社区建设等关键规划策略。

市场主导方面，鼓励和激发企业在生活、生产环境建设过程中发挥主导作用。例如，鼓励私人开发商与地方政府合作，提供就业、居住、优质的公共服务、高品质的公共空间，打造特色城市风貌，能满足一个家庭多样化的工作、生活和服务需求。

（六）加强公共服务，强化人才保障

对于城市的人才环境建设和营商环境优化而言，加强公共服务是重要的一环，也是增强城市留住人才的能力和吸引高端人才的竞争力。

加强公共服务，不仅要提高数量的供给，更重要的是改变旧的单一的公共服务的供给模式。要通过对公共服务主体多层次的供给提高公共服务的配置效率,提高公共服务质量,优化公共服务结构,进而满足更多城市居民对公共服务消费品的需求。

第二节　借鉴"洛桑模式",培养卓越"泛酒店业"人才

当前,上海正着力建设世界著名旅游城市,积极推进以服务经济为主的产业结构的形成,文化创意、旅游、会展、电子商务、专业服务、教育培训等新兴服务业发展迅猛,成为新的增长点。"泛酒店业"作为上海服务业的重要组成部分,包括酒店、旅游、会展、航空、商业、奢侈品销售等,是上海品牌的重要前沿阵地,在人才方面也有着共同的需求,如了解各国文化差异和国际规则、良好的服务意识和前瞻性、专业独到的管理理念等。做好"泛酒店业"人才教育和培训,是上海创建全球城市最为重要的提升软实力的手段之一,是服务业持续发展的智力保障和创新源泉,也是上海全力打响"上海文化"品牌重要抓手。目前上海面临严重的人才资源短缺问题,如何借助各方力量,建设"泛酒店业"人才培训院校和服务平台,培养符合行业需求的高层次应用型专业人才,是上海亟须面对的问题之一。

一、上海"泛酒店业"人才面临的主要问题

随着上海服务业的快速发展,"泛酒店业"行业人才紧缺、综合能力和素质亟须提升的问题日益凸显。上海亟待补齐人才"短板",培育更多优秀的"泛酒店业"人才,这也是推动上海产业发展、四大品牌建设,提升上海全球城市资源配置能力的关键举措。

一是上海"泛酒店业"人才素质虽然不断提升,但人才总量依然不足,尤其是新型"泛酒店业"业态人才短缺。

二是上海"泛酒店业"人才开发主体不断创新,但培训师资薄弱、手段落后,培训实效有待提升,无法对旅游人才开展长期有效的培训。旅游教育院校与产业脱节,社会培训机构力量薄弱且不规范,无法形成自己的品牌。

三是上海"泛酒店业"人才培养标准缺失,资格认证制度尚未接轨,不利于建设长效化职业精神培育机制。从整体上来看,缺乏与国际惯例接轨的认证考试及培训体系,"泛酒店业"部分培训资格证书都流于形式。部分"泛酒店业"人才职业资格认证和考试制度不能与国际相互认证,大多数国际同行不承认国内职称。国内有关培训机构颁发的证书也没有得到教育、劳动、人社等有关部门和用人单位的认可。

二、要积极借鉴和引入"洛桑模式"

瑞士洛桑酒店管理学院(Ecole hôtelière de Lausanne,以下称 EHL)是一所被中国政府和瑞士政府承认的泛酒店管理专业大学,也是世界上历史最悠久、专业声誉最高的国际酒店管理名校,在 2019 年 QS 世界大学排行中位列酒店管理专业第一,在全球范围内有着广泛的影响力和认可度。

(一)百年来专注于酒店管理专业,是世界"泛酒店业"管理教育的基础与标杆

一是,自 1893 年以来,EHL 始终专注于酒店管理专业,始终如一地代表着瑞士传统"泛酒店业",同时也是"泛酒店业"教育领域的先驱者和开拓者,为世界的"泛酒店业"管理教育奠定了基础。

二是,EHL 已培养出逾 25 000 名高端泛酒店业管理人才,形成了一个独特的专业人才社群,他们都秉持 EHL 的价值观,从 EHL 的优良传统中汲取灵感。从 QS 世界大学排名中,可以看到 EHL 在"学术声誉"和"雇主声誉"两个大项内都得到了满分 100 分的荣誉,领先世界所有泛酒店管理专业院校,这也正印证了EHL 一直以来践行的"理论与实践相结合"的教育理念及教学模式。

(二)多层次培训体系,形成了强大的"泛酒店业"服务能力

一是,EHL 在"泛酒店业"管理教育领域所代表的瑞士教育模式在国际上饱受赞誉。学院设有本科、研究生和证书课程,为处在不同专业发展阶段的学生提供课堂教学和在线教育等多种形式的教育机会,为各行各业从事服务管理的高层管理人员度身定制服务行业卓越服务"泛酒店业"课程。

二是,EHL 设有国际泛酒店管理本科、全球泛酒店商业硕士、泛酒店高级工商管理硕士 EMBA、卓越服务 EMBA 等项目。此外,学院还设有系列高级证书项目,包括泛酒店管理业认证项目、酒店收益管理认证项目、酒店金融管理认证项目、酒店发展和房地产投资认证项目、酒店战略管理认证项目。服务领域涵盖酒店旅游、养老健康、卫生医疗、物业会所、金融服务、财富管理、奢侈品营销、餐饮休闲、体育娱乐、艺术文化、教育培训、设计咨询、交通运输等。

二是,EHL 强化实践教学,学院内的 BDS 餐厅是世界上唯一一家获得米其林星级的、完全由实习生运营的餐厅。这使教学与实践既体现出传统酒店的技术服务特点,又能反映出现代酒店管理的精髓所在。

(三)输出洛桑认证体系,形成全球影响力

一是,EHL 在泛服务业咨询、高级培训和人才培养方面有着丰富的项目经验和一流的知识储备,借助集团旗下咨询公司(Lausanne Hospitality Consulting,

LHC)的以下三方面优势在全球范围内提供标杆水准的顾问咨询服务：一是，在全球酒店业百余年的深厚积淀，视角多元、阅历丰富的国际团队，与洛桑酒店管理学院的紧密协作。

二是，帮助世界各地合作伙伴建立了 20 多所当地领先的酒店教育机构，为行业培养了数以万计的优秀人才。

三是，提供多元化的认证服务，主要服务内容包括酒店及泛服务业全周期咨询、卓越服务基因顾问、定制交流项目、洛桑职业教育与技能实训、高等教育开发与认证等。

三、对策建议

要积极引进学习"洛桑模式"，打造载体和平台。建立机制，进一步提升"泛酒店业"教师教学水平和教育质量，为上海培养更多高质量的"泛酒店业"人才。

一是，发挥 EHL 品牌效应，实现"弯道超车"。通过与 EHL 合作建设若干应用型"泛酒店业"本科专业（或院校），与世界最高水平的职业教育全面接轨，明确其本科层次职业教育办学定位，更好地补齐"应用型泛酒店业本科"的短板。

二是，引入"洛桑模式"，借鉴 EHL 成功办学经验，打造"泛酒店业"本科专业（或院校）。以高度专业的视角和基于 EHL 的教学质量和标准要求，为学校提供包括校园建设、课程体系设计、教学计划、酒店管理专业建设、EHL 教授讲学、管理团队培训、QLF 国际师资认证培训以及学术认证检查和督导等全方位顾问咨询服务。

三是，依托有关高校的力量，与 EHL 合作，试点设立"泛酒店业"工作室，引进 EHL 先进的管理、培训理念，高素质的师资以及一流的课程体系、教材、教学方法，提升高端"泛酒店业"人才培养水平。实施"泛酒店业"人才引育计划，积极开展"泛酒店业"人才教育国际合作，培养具有国际视野的"泛酒店业"人才。以合作办学、联合培养、教师互访、学术交流等方式，积极开展和加强国际合作，尽快实现"泛酒店业"人才教育理念和"泛酒店业"人才培养质量与国际接轨。

四是，在有关大学成立"泛酒店业"人才教育课程研究中心。发挥 EHL、国内有关大学的学术优势，为 EHL 课程推广保驾护航。纳入 EHL 学术认证体系，以促进教师专业发展为旨趣的师训方式，通过师资培训，围绕教学质量、学习方式变革、教学评价、教师专业发展等方面发挥作用，强化"泛酒店业"人才队伍的培养。

五是,积极探索政府和企业资源共享机制,深度推进产教融合、校企合作,健全多元化办学格局,推动企业深度参与协同育人,扶持鼓励企业和社会力量参与举办各类职业教育,提升上海"泛酒店业"人才培养质量,增强上海"泛酒店业"在国际、国内的影响力。

第十二章　上海市民"休闲好去处"应实现从"有没有"到"好不好"的转变

第一节　上海市民"休闲好去处"分布特征及特色

旅游节、黄金周、国家系列促进消费的政策出台,不断掀起消费热潮。积极开发休闲消费资源,全面完善休闲系统,是提升上海城市宜居性、增强市民获得感和幸福感的重要抓手,也是推进上海转型发展、增强城市国际竞争力的重要途径。

上海市民"休闲好去处"作为促消费、保民生、强发展的"接地气"做法,也是贯彻李强书记"上海人游上海"提议的重要抓手。2019 年,上海市文旅局在 2018 年首批上海市民"休闲好去处"的基础上,确定了 79 处上海市民"休闲好去处"。然而,上海市民"休闲好去处"是否与居民的休闲需求相吻合? 哪些因素可能会阻碍"休闲好去处"发挥实际效用? 又能通过哪些手段加以改进,真正打造出"近悦远来"的休闲"打卡地"? 这些依然是需要重点关注的问题。为了客观评估这些"休闲好去处"的作用,我们通过实地调研、问卷调查、市民访谈、收集点评分析等各种途径搜集资料,结合地理信息系统(GIS)进行分析,梳理出"休闲好去处"的发展瓶颈,推动上海市民"休闲好去处"从"有没有"向"好不好"转变,为进一步优化上海市民"休闲好去处"提出政策建议。

当前,上海加速建设全球城市。根据国际经验,卓越全球城市无一不是世界著名旅游城市,而世界著名旅游城市旅游业发展的典型特征之一为居民休闲的主流化、配套服务的完善化以及休闲环境的全域化。上海正处于城市功能全面转型的新时期,全球城市建设水平的提高有赖于人才集聚和创新能力的加强,而城市对高新技术人才、知识型员工的吸引力在一定程度上与城市休闲、生活品质相挂钩。

随着社会经济的持续高速发展,上海居民的可支配收入与闲暇时间不断提升,不仅使旅游与休闲日益成为上海居民生活的常态,而且休闲方式也日趋多元化。上海旅游资源是上海居民开展休闲活动的重要载体,也意味着本地居民差异化的休闲需求对上海旅游资源的开发提出了新要求。旅游是大产业、大民生、大展示,关系长远发展、关系民生福祉、关系城市形象,要着力营造全区域统筹、全领域互动、全要素利用、全产业链接、全方位服务的发展环境,要策划推动"上海人游上海",让广大市民为促进上海旅游高品质发展出谋划策,而休闲事业及休闲产业的发展正是为百姓谋福祉、为城市谋未来的重要抓手之一。因此,积极开发休闲资源,全面完善休闲系统,成为上海提升城市宜居性、舒适性与娱乐性,展现上海形象与特色,强化城市功能能级的题中之义与必然要求。

一、"休闲好去处"基本情况

深刻认识上海旅游业深化改革和提升发展品质的迫切性,上海市政府及旅游相关部门采取了诸多举措。上海旅游主管部门不但编制了阶段性的旅游规划、制定了促进旅游业发展的法规政策、加大了对旅游项目的资金投入,而且通过各种方式开展了丰富多样的景点推介活动等。通过正式制度、非正式制度等多方位、多视角、多途径、多主体等相结合的旅游规制,致力于增加休闲产品的有效供给和高质量供给,提升上海市民的获得感和幸福感,推进上海转型发展,提升城市活力,增强城市国际竞争力。作为促旅游、保民生、强发展的"接地气"做法,上海市文旅局会同有关机构策划的上海市民"休闲好去处"推荐活动受到了广大市民、媒体以及外来游客的广泛关注。

上海市民"休闲好去处"活动发起于 2018 年,浦东新区、闵行区、宝山区、嘉定区、金山区、奉贤区、松江区、青浦区、崇明区 9 区相继推出了首批 50 个上海市民休闲好去处。2019 年,上海文旅局又对"休闲好去处"的推荐名录进行了调整(见表 12-1)。从总体变化来看,推荐范围由 9 区扩大到 16 区,推荐数量也从 50 处增加至 79 处;从区划推荐范围的变化来看,浦东新区、宝山区、闵行区、嘉定区、金山区、松江区、青浦区、奉贤区、崇明区是首批被纳入"休闲好去处"的区域,而黄浦区、静安区、徐汇区、长宁区、普陀区、虹口区、杨浦区是第二批被纳入"休闲好去处"的区域;从每个区划的推荐数量变化来看,首批被纳入推荐名录的区域,其"休闲好去处"的数量在第二批推荐名录中发生了不同程度的变化。

表 12-1 2019 年上海市民"休闲好去处"名录

序号	区划	数量（个）	单 位 名 称	备注（首批或新增）
1	浦东新区	7	黄浦江水岸（浦东段）	新增
2			上海国际旅游度假区	新增
3			新场古镇	新增
4			佛罗伦萨小镇	首批
5			上海海昌海洋公园	首批
6			周浦花海	首批
7			上海鲜花港	首批
8	黄浦区	1	黄浦江水岸（黄浦段）	新增
9	静安区	2	大宁郁金香公园	新增
10			自然博物馆	新增
11	徐汇区	3	黄浦江水岸（徐汇段）	新增
12			衡复历史风貌保护区	新增
13			徐汇滨江油罐艺术中心	新增
14	长宁区	2	上海国际舞蹈中心	新增
15			长宁民俗文化中心	新增
16	普陀区	2	上海纺织博物馆	新增
17			M50 创意园	新增
18	虹口区	3	黄浦江水岸（虹口段）	新增
19			上海上港邮轮城	新增
20			上海犹太难民纪念馆	新增
21	杨浦区	1	黄浦江水岸（杨浦段）	新增
22	宝山区	6	顾村公园	首批
23			吴淞炮台湾国家湿地公园	首批
24			上海宝山国际民间艺术博览馆	首批
25			智慧湾科创园	首批
26			上海玻璃博物馆	新增
27			上海木文化博物馆	新增

序号	区划	数量（个）	单 位 名 称	备注（首批或新增）
28	闵行区	8	浦江郊野公园	首批
29			召稼楼	首批
30			七宝老街	首批
31			武悦堂	首批
32			上海徽府	首批
33			麦可将文创园	新增
34			韩湘水博园	新增
35			宝龙美术馆	新增
36	嘉定区	5	嘉北郊野公园	首批
37			菊园百果园	首批
38			南翔老街	首批
39			汽车博览公园+汽车博物馆	新增
40			嘉定州桥景区	新增
41	金山区	8	廊下郊野公园	首批
42			金山城市沙滩	首批
43			上海枫泾古镇	首批
44			金山嘴渔村	首批
45			吕港水果公园	首批
46			花开海上生态园	首批
47			中国农民画村	新增
48			南社纪念馆	新增
49	松江区	9	广富林郊野公园	首批
50			松南郊野公园	新增
51			上海五库农业休闲观光园	首批
52			佘山国家森林公园	新增
53			泰晤士小镇	新增
54			月湖雕塑公园	新增

序号	区划	数量（个）	单 位 名 称	备注（首批或新增）
55	松江区	9	上海辰山植物园	新增
56			上海方塔园	新增
57			醉白池公园	新增
58	青浦区	8	清西郊野公园	首批
59			朱家角古镇	首批
60			东方绿舟	新增
61			上海大观园	新增
62			联怡枇杷乐园	首批
63			张马村·寻梦源	首批
64			陈云纪念馆·练塘古镇	首批
65			金泽古镇·美帆游艇俱乐部	首批
66	奉贤区	6	上海海湾国家森林公园	首批
67			上海小木屋会务中心	首批
68			花米庄行核心景区	首批
69			古华公园＋古华山庄	首批
70			吴房桃源	新增
71			上海之鱼——年丰公园	新增
72	崇明区	8	长兴岛郊野公园	首批
73			东滩湿地公园	首批
74			香朵开心农场	首批
75			东禾九谷开心农场	首批
76			仙桥生态村	首批
77			西岸氧吧	首批
78			江南三民文化村	新增
79			崇明区博物馆	新增
	合计：	79		

注：根据公开资料整理。

与其他的推介活动相比,上海市民"休闲好去处"的评选及动态调整反映的是对上海市休闲、旅游资源的挖掘、整合、利用及优化配置的过程。该活动通过整体策划促进产业融合、全域景区化,侧重于在满足本地居民休闲放松的需求中提升大旅游的发展环境及生活品质。通过发挥上海"本地市场效应"的规模经济优势,推出一批有品质、有文化、有生态、有服务的休闲地,以期让本地居民获得有别于外来游客的文化休闲体验,并为部分景区带来"广告效应",吸引更多市民游客,盘活上海旅游资源,提高上海旅游资源的综合利用效率和空间再生产效果。

然而,上海市"休闲好去处"的评选可以在多大程度上满足居民的休闲需求,取决于居民需求与休闲产品供给间是否存在结构性均衡的关系。为了客观判断和分析上海市"休闲好去处"活动的推介景点是否与居民的休闲需求相吻合?哪些因素可能会阻碍"休闲好去处"发挥实际效用?又能通过哪些手段加以改进,真正打造出"近悦远来"的休闲"打卡地"?我们通过实地调研、问卷调查、市民访谈、点评分析等各种途径搜集信息及反馈,梳理上海市"休闲好去处"的发展瓶颈,推动"休闲好去处"评选活动实现助力上海市旅游业提档升级、加快上海文化品牌及国际文化大都市建设的目的,并做针对性的应对与改善。

二、"休闲好去处"主要集中在松江、闵行等周边城区

一是从空间上来看,上海市民"休闲好去处"分布在上海所辖的 16 个区,但存在明显的区域不均衡的现象,主要集中在松江、闵行、金山、青浦、崇明等周边城区,黄浦等中心城区的"休闲好去处"相对较少(见图 12-1)。

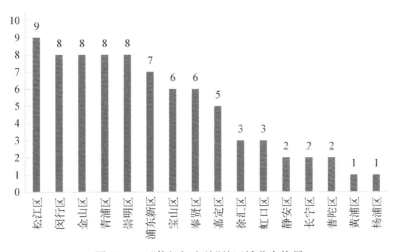

图 12-1　"休闲好去处"的区域分布格局

二是高人口密度地区"休闲好去处"的数量较少,"休闲好去处"的供给与市民需求间存在空间错配现象。上海街道人口密度由中心城区向城郊区、远郊区递减,呈现出与"休闲好去处"相反的空间分布格局。位于外环线内中心城区的区县,"休闲好去处"的数量均相对较少。网民"平常心"评论说:"住在杨浦区只有一处好玩的"。"休闲好去处"的评选是否能在实践中起到引导市民休闲、提升市民获得感的作用,仍有待长期考量。

三、"休闲好去处"普遍具有较高的休闲价值

一是重点关注市民休闲的文化属性和体验元素。黄浦江滨江、郊区民宿、郊野公园、老街区(老马路)四大板块,是"休闲好去处"关注的重点,也是展现上海形象与特色、完善城市功能的重点区域。

二是整体具有较高的游玩价值。通过采集"大众点评"上"休闲好去处"的评分数据(见图 12 - 2),可以发现,79 个"休闲好去处"的平均分为 4.51 分(满分5 分,下同)。其中,得分为 4.5 分和 5 分的景区数占比较大,说明这些景区的产品质量获得了游客群体的普遍认同。但值得注意的是,仍有 24.05% 的景区评分低于 4 分,甚至有 12.66% 的景区评分低于 3.5 分。

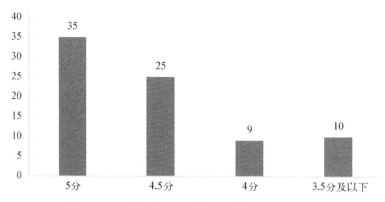

图 12 - 2　大众点评网不同分值"休闲好去处"数量

第二节　上海市民"休闲好去处"面临的问题分析

一、大量"休闲好去处"的市场关注度不足

利用大众点评网站采集 79 个"休闲好去处"的评论信息,计算不同评论数区间"休闲好去处"个数的占比(见图 12 - 3)。可以发现,总评论数低于 500 的"休

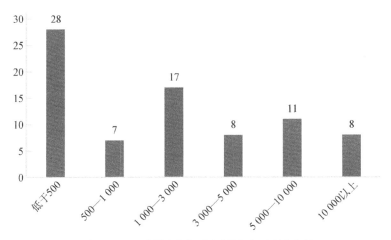

图 12 - 3 不同评论数对应"休闲好去处"个数

闲好去处"个数占比最高,达到总数的 35.44%。从更人的范围来看,总评论数低于 1 000 的"休闲好去处"个数占比达到 44.3%,这意味着有接近一半的"休闲好去处"并不具有较高的知名度,成为市民休闲决策的选择"盲区"。

通过观察不同"休闲好去处"的评论数可以发现,如"仙桥生态村""香多开心农场""吴房桃源"等 5 处景区的评论数低于 10 条,"南社纪念馆""上海五厍农业休闲观光园"等 9 处景区的评论数低于 100 条,说明这些景区目前并不为居民所熟知,在满足居民休闲需求方面的效果也不明显。

二是"休闲好去处"尚未成为上海"15 分钟"社区生活圈的支撑。近年来,上海将打造"15 分钟"社区生活圈作为提升城市竞争力的重要举措之一。通过计算市民 15 分钟步行和骑行可达的最远距离(见图 12 - 4),可以发现,若市民游客

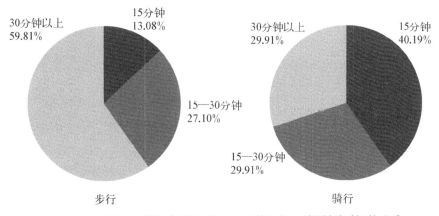

图 12 - 4 街道中心步行或骑行到达最近"休闲好去处"所需时间的比重

采用步行的方式,在 15 分钟内可抵达的"休闲好去处"数仅占总数的 13.08%,而需步行 30 分钟以上的"休闲好去处"数却占总数的 59.81%。若采取骑行的方式,15 分钟内可抵达的"休闲好去处"比重上升至 40.19%,但仍有 29.91% 的"休闲好去处"需要居民骑行 30 分钟以上才可抵达。

二、部分"休闲好去处"的空间可达性尚需提升

一是市民"休闲好去处"的出行成本普遍较高,不适宜市民在日常和周末等较短休闲时间范围内开展休闲活动。对于位于上海远郊区(如松江、青浦、金山、奉贤、崇明)的"休闲好去处"而言,可达性较差,借助公共交通前往的平均用时均在 100 分钟以上,自驾前往的时间也超过 1 个小时。

以人民广场为起点,采用公共交通方式,平均到达各个"休闲好去处"的所用时间为 94 分钟(见图 12 - 5)。在数量分布上,有 7 个"休闲好去处"可以在 30 分钟之内到达,有 30 个"休闲好去处"可在 30—90 分钟到达,而大部分"休闲好去处"则需在 90 分钟以上才能到达。到达黄浦江水岸(黄浦段)的用时最短为 18 分钟,到达江南三民文化村的用时最长为 237 分钟。若采用自驾方式,到达各个"休闲好去处"的平均用时为 52 分钟。所有"休闲好去处"均可在 2 小时内到达,30 分钟以内可到达的"休闲好去处"为 26 个,60—90 分钟内可到达的"休闲好去处"数量最多,为 31 个。

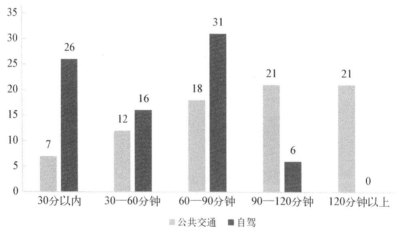

图 12 - 5 人民广场到达各"休闲好去处"所用时间的数量分布

二是要积极利用轨道交通的"时空压缩"效应,提升"休闲好去处"的时间可达性,优化城市休闲空间。通过计算各"休闲好去处"距最近地铁站的距离(见

图12-6),可以看出,有29.12%的"休闲好去处"距附近最近地铁站在1千米以内,市民可利用中心城区高密度的地铁网络,较为便捷地到达目的地开展休闲活动。

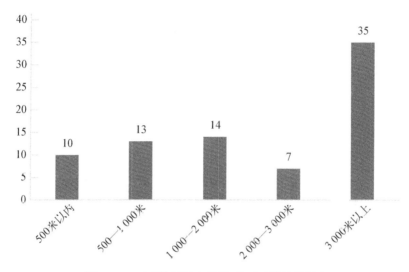

图12-6　各"休闲好去处"与最近地铁站的距离

然而,有高达35家景点距地铁站距离超过3千米,除去未通地铁的崇明和金山的"休闲好去处"外,仍有18家"休闲好去处"距地铁站较远。如位于青浦区的上海大观园,距最近的地铁站有12.5千米。游客表示"下地铁后要坐直达公交车,一天就几趟,要等较长时间才来一班,乘坐其他公交车的话下车还得走20分钟""地铁17号线下来需要坐青商线周转,约30分钟,到金商公路大观园下来后,还需要走9分钟""交通不便和缺乏宣传使得这座红学基地显得越发陈旧",等等。

三、大量"休闲好去处"配套服务水平有待提升

"休闲好去处"周边普遍缺乏多样化的配套体系,单一的休闲服务供给降低了旅游消费的效用,形成了不利的舆论环境(见图12-7)。

一是多达63.29%的"休闲好去处"周边没有其他"休闲好去处",对市民休闲体验造成了负面影响。如市民游客对于中国农民画村的评论,"一圈逛下来也就十几分钟,人气不足,怪不得要和其他景点一起卖套票"。

二是超过半数的"休闲好去处"周边既没有其他星级景区和休闲设施,也没有购物中心(见图12-8)。如新场古镇周边缺乏其他休闲设施,导致市民在游玩半小时至1小时左右后就选择返程,很难获得丰富的旅游体验。市民评论"进

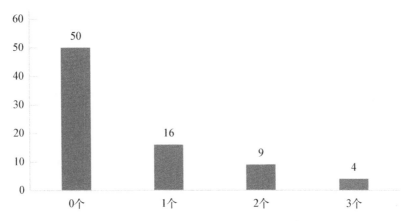

图 12-7 各个"休闲好去处"周边 3 千米以内其他"休闲好去处"数量

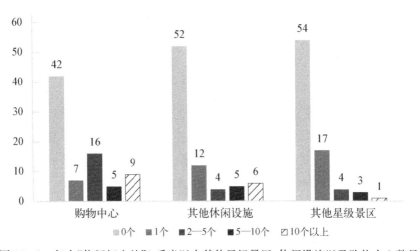

图 12-8 各个"休闲好去处"3 千米以内其他星级景区、休闲设施以及购物中心数量

去发现和普通古镇没区别,也没啥看的,去过一次不想再去""从头走到尾 20 分钟,没什么特色,周边也没什么玩的,开车过来还挺远,反正不会再来"。

三是"休闲好去处"推介活动与上海其他旅游营销活动间缺乏联动。上海文旅局举办了丰富多彩的"百万市民看大戏、游上海"推介活动,以四大主题为核心,串起 16 个区的 40 条精品线路受到了市民游客的广泛认可。但上海市民"休闲好去处",仅以区域为单位进行推荐,"休闲好去处"之间形成了明显的"行政割据",不同区域间也缺乏同类型景区的主题联动。此外,"休闲好去处"与"40 条精品线路"间也未形成前后呼应的关系,在 79 处"休闲好去处"中,仅有 34 家景区包含在"40 条精品线路"的推荐景点之中。

四、部分"休闲好去处"的产品内容亟须升级

一是产品内容单一、缺乏合理规划,影响了"休闲好去处"的市场吸引力。例如,在游客的评论中,廊下等郊野公园"没有开发建设,没什么好玩的""园内很荒凉"等表达频频出现;松南郊野公园"还在建设中,配套还未完善,……红双喜船厂是唯一能看到的标志建筑了";金山城市沙滩"海水很脏,沙子非常粗,体验很差"等评论更是直击服务痛点。再如,游客"xxstream"对闵行区"休闲好去处"上海徽府景区的评论:"上海发布的《首批 50 家上海市民休闲好去处》之一,……1 小时都不要就逛完了,实在是没有东西,我认为有很多徽州古建筑,其实就是一栋楼……这样还能入选上海市民'休闲好去处'? 虽然没有门票什么的,还是感觉被欺骗了"。

二是不少"休闲好去处"普遍缺乏优质的配套服务供给,陷入了"盛名难副"的局面。一方面,工作人员无法提供人性化的服务造成了游客的不满情绪,如市民普遍反映周浦花海景区工作人员"特别嚣张""不够友好""爱理不理"。另一方面,旅游厕所也成为市民"吐槽"景区服务的焦点。特别是在郊野公园景区中,旅游厕所位置偏僻,数量不足,给游客造成了极大的不便。东滩湿地公园、嘉北郊野公园等均存在"厕所太少""厕所不太好找"的现象。此外,大量"休闲好去处"位于城郊区,市民的基本餐饮需求没有得到充分关注。如位于松江区的月湖雕塑公园,市民游客在游玩后大多表示"餐饮不好吃""餐饮环境差""离市中心太远,过去麻烦,门票加餐饮还比较贵,感觉不划算"。

三是,部分"休闲好去处"的信息化建设相对滞后。利用大众点评与携程网移动端 APP 的信息搜索,可以发现,部分"休闲好去处"缺乏相应的信息服务,导致市民缺乏对其的基本了解。有 18 家景区并未提供相关信息,约占总数的四分之一。

第三节　上海市民"休闲好去处"
进一步发展的对策建议

上海市民"休闲好去处"存在明显的以行政手段平衡地区差异和景区"重申请、轻建设"的现象,服务质量较低、基础设施供给不足等问题也未因纳入推介名录而得到妥善解决,导致市民满意度不高的现象较为明显。为了实现上海市民"休闲好去处"从"有没有"到"好不好"的转变,我们特提出如下建议。

一、建设更加宜游的"休闲好去处"休闲产品系统

首先,应尊重市场需求,增加各街道居民休闲设施的可获得性。在未来的名录更新中,应加强对各街道"休闲好去处"的推荐,有效提升公共休闲服务的均等化程度。其次,提升"休闲好去处"的质量与能级,优化产品供给,完善休闲配套服务设施如厕所、特色餐饮、休息区的建设。再次,全面推进"商旅文"产业融合,采取"攀附"策略、联合营销等方式,与"40 条精品线路"间形成有效联动,提升"休闲好去处"的市场关注度。

二、建设更加便捷的"休闲好去处"交通服务体系

首先,增强"休闲好去处"与轨道交通、高速路网的关联与协调。其次,探索推进"休闲好去处"旅游观光巴士、有轨电车、自行车道和慢行步道建设,通过加大景区摆渡车供给,与公交车站和轨道交通形成互补和衔接完善交通配套设施,解决市民出行"最后一公里"的难题。最后,在城市郊区的"休闲好去处"以及公共交通可达性较差的"休闲好去处"增设旅游停车场和游客下车点,方便市民自驾出行。

三、建设更加健全的"休闲好去处"制度保障体系

首先,加强对"休闲好去处"的监管与考核,建立适宜的动态退出机制。其次,应加强专项资金和土地资源对"休闲好去处"发展的扶持,发挥上海市旅游发展专项资金引导功能,积极引导社会资本参与,扩大"休闲好去处"服务圈的半径和内容。再次,加强冷门"休闲好去处"与热门"休闲好去处"以及其他政府推介活动的联动,提升"休闲好去处"评选活动的市场号召力,并促进不同区域"休闲好去处"的均衡发展。

四、建设更加智慧的"休闲好去处"信息服务体系

首先,依托手机短信、旅游政务网、微信公众账号等,建立旅游信息管理与发布平台。发布的信息内容不仅需要包含"休闲好去处"的名录信息,更需要包含各个"好去处"的位置信息、门票信息、产品内容信息等基本信息,便于市民游客及时了解"好去处"的服务内容,加强"好去处"的信息透明化程度。其次,依托大众点评、携程、飞猪等平台,建成相应的"休闲好去处"信息服务板块,提供信息咨询、形象展示、投诉处理、票务预订、交流体验等多功能的综合

线上服务中心,满足市民游客的一站式需求。最后,积极开发小程序、"好去处"导游等在线服务平台,提供实时搜索的信息服务,让游客可以根据自身的位置信息,快速搜索景区内的餐饮、厕所等设施及周边的服务设施,获取及时快捷的信息服务。

附　录

附录一　中国国际进口博览会(CIIE)
参展商调查问卷

尊敬的先生/女士：

您好！本问卷目的在于全面了解中国国际进口博览会(CIIE)在上海开展产生的效应,采用不记名的方式,调研内容仅用于学术研究。您的认真填写是提高本研究数据质量的保证,在此对您的热忱协助与合作表示深深的感谢！

华东师范大学进博会研究课题组

第一部分:参展商基本信息

1. 您来自的地区：港澳台□　上海市□　大陆其他地区□　其他国家和地区□
2. 您是否参加过首届进博会：是□　否□
3. 如已参加首届进博会,是否已入驻进博会"6 天＋365 天"常年展示交易平台：
   是□　否□

第二部分: 基于参展的实际体验,您是否同意下列说法,请在相应的选项下打钩。

序号		非常同意	同意	一般	不太同意	很不同意
		5 分	4 分	3 分	2 分	1 分
4	为境外展品提供细致周到的运输、仓储服务	○	○	○	○	○
5	货物申报和人员出入境通关智慧化、数字化,服务高效专业	○	○	○	○	○
6	市内交通顺畅,进博会专线快捷便利(如接驳车)	○	○	○	○	○

序号		非常同意	同意	一般	不太同意	很不同意
		5分	4分	3分	2分	1分
7	展馆内动线设计合理,步行时间合适,志愿者服务水平高	○	○	○	○	○
8	展会现场环境卫生良好,通信良好,智慧化水平高	○	○	○	○	○
9	现场5G服务优势明显	○	○	○	○	○
10	现场采购客户数量多且质量高,与采购商交流无障碍	○	○	○	○	○
11	对展馆内外及周边餐饮种类丰富、住宿条件及服务感到满意	○	○	○	○	○
12	金融服务体系有助于展商、客商对接	○	○	○	○	○
13	展会商务诚信平台服务便捷周到,知识产权、合同纠纷等商事调解国际化、专业化服务程度高	○	○	○	○	○
14	对进博会这一功能平台的建设,宣传及专业化服务感到满意	○	○	○	○	○
15	对上海城市印象较好,垃圾分类开展良好,市容整洁,安全有序,购物等配套设施丰富	○	○	○	○	○
16	展后我司将入驻进博会"6天+365天"常年展示交易平台	○	○	○	○	○
17	参与本次展会的目的达成	○	○	○	○	○

附录二 中国国际进口博览会(CIIE) 参展观众调查问卷

尊敬的先生/女士:

您好!本问卷目的在于全面了解中国国际进口博览会(CIIE)在上海开展所产生的效应,采用不记名的方式,调研内容仅用于学术研究。您的认真填写是提高本研究数据质量的保证,在此对您的热忱协助与合作表示深深的感谢!

华东师范大学进博会研究课题组

第一部分:个人基本信息

1. 您来自的地区:港澳台□　上海市□　大陆其他地区□　其他国家和地区□
2. 您是:普通观众□　专业观众□
3. 您所在单位类别:企业□　社会组织□　事业单位□　政府机构□　其他□
4. 您是否为第一次参加进博会:是□　否□

第二部分:基于您观展的实际体验,您是否同意下列说法,请在相应的选项下打钩。

序号		非常同意	同意	一般	不太同意	很不同意
		5分	4分	3分	2分	1分
5	到达和进入会场交通便利,花费时间合理,导览系统完善	○	○	○	○	○
6	展会现场设计有吸引力、有亮点,布展合理有创意	○	○	○	○	○
7	现场通信良好,智能化水平高,垃圾分类开展良好,卫生状况良好,无障碍设施完善	○	○	○	○	○
8	我感受到了5G技术为展会带来更多便利	○	○	○	○	○
9	志愿者服务满意,很好地展现了"微笑四叶草"的志愿品牌	○	○	○	○	○
10	参展商数量较多,参展内容丰富,有利于了解行业前沿动态	○	○	○	○	○
11	展馆内外餐饮和住宿条件及服务令人满意	○	○	○	○	○

序号		非常同意	同意	一般	不太同意	很不同意
		5分	4分	3分	2分	1分
12	对进博会这一功能性平台的建设及专业化服务满意	○	○	○	○	○
13	进博会官方信息宣传到位,能在交通 APP 等上及时获取相关信息	○	○	○	○	○
14	进博会很好地提升了中国和上海的国际形象和地位	○	○	○	○	○
15	我参加本次展会的目的达成,愿意再次参加下一届进博会	○	○	○	○	○
16	相比首届进博会,我认为本次进博会综合体验更好(首次参加不作答)	○	○	○	○	○

附录三 中国国际进口博览会(CIIE)
上海市民调查问卷

尊敬的先生/女士:

您好! 本问卷目的在于全面了解中国国际进口博览会(CIIE)在上海开展产生的效应,采用不记名的方式,调研内容仅用于学术研究。您的认真填写是提高本研究数据质量的保证,在此对您的热忱协助与合作表示深深的感谢!

华东师范大学进博会研究课题组

第一部分:个人基本信息

1. 您居住的区域:□黄浦区 □徐汇区 □长宁区 □杨浦区 □虹口区
　　　　　　　　□普陀区 □静安区 □浦东新区 □闵行区 □宝山区
　　　　　　　　□嘉定区 □青浦区 □松江区 □金山区 □奉贤区
　　　　　　　　□崇明区

2. 您是否参加了进博会? 首届□ 第二届□ 两届□ 否□

第二部分:进博会筹备期间,上海市在城市建设和功能完善方面做了大量工作。基于此,您是否同意以下方面的城市表现,请根据您的真实感受在相应选项下打钩。

序号		非常同意 5分	同意 4分	一般 3分	不太同意 2分	很不同意 1分
3	进博会周边公共交通运输能力提升,拥挤/拥堵情况改善	○	○	○	○	○
4	进博会周边公共服务设施更加完善、便利	○	○	○	○	○
5	进博会周边环境质量改善,城市市容美化,外观形象建设更新(如外立面、景观照明、绿化带等)	○	○	○	○	○
6	进博会的举办对优化上海的营商环境很有帮助	○	○	○	○	○
7	进博会提高了政府行政事业机构办事效率	○	○	○	○	○
8	作为上海居民有足够的自豪感和获得感	○	○	○	○	○

序号		非常同意	同意	一般	不太同意	很不同意
		5分	4分	3分	2分	1分
9	通过进博会可以接触到更多物美价廉的国际商品,消费选择更加丰富	○	○	○	○	○
10	进博会的举办有利于进一步提升上海的城市形象	○	○	○	○	○
11	因进博会期间的部分交通管制和参展观众来沪,出行交通受到影响	○	○	○	○	○
12	如果有机会我愿意参加进博会,希望进博会进一步开放	○	○	○	○	○

附录四 上海城市人才环境因素
满意度调查问卷

尊敬的女士/先生：

您好！随着中国城市化进程与经济转型的不断推进，人们在选择城市居住时，不仅会考虑居住地的就业机会和收入预期，还会将城市的宜居性、舒适性和享乐性等因素纳入决策范畴。为了了解城市不同因素对于人才"择地而居"行为的影响，为优化上海市城市人才工作环境与生活环境提供决策参考，特开展本项调查。

本调查采取无记名方式，调查结果仅作研究之用，个人信息绝对保密，希望您能提供真实的想法。衷心感谢您的支持与合作！

华东师范大学"上海市城市人才环境调查"课题组

第一部分：基本信息

1. 您的性别[单选题]

○男

○女

2. 您的年龄[单选题]

○18 岁以下

○18～25

○26～30

○31～40

○41～50

○51～60

○60 以上

3. 您的婚姻状况[单选题]

○未婚

○已婚有小孩

○婚无小孩

4. 您的文化程度[单选题]

○初中

○高中

○大学本科

○硕士研究生

○博士研究生

5. 您的职业[单选题]

○专业技术人员(教师/医生/律师等)

○研发类技术人员

○制造类技术人员

○金融类专业人员

○贸易类专业人员

○交通运输/物流类技术人员

○财务会计类人员

○企/事业单位管理人员

○行政人事类人员

○私营企业主/个体经营者

○自由职业者

○学生(若是 MBA 等类似学生,请选自己最近工作的职业性质)

○其他

6. 您所在的企业类型[单选题]

○国有企业

○股份所有制企业

○私营企业

○外商企业

○港澳台企业

○政府部门

○事业单位

○社会组织

○其他

7. 您的个人月收入[单选题]

○3 000 元以下　　　　　　○3 001—5 000 元

○5 001—8 000 元　　　　　○8 001—10 000 元

○10 001 元—15 000 元　　　○15 001 元—20 000 元

○20 000 元以上

8. 您的工作所在省份 [单选题]

○上海　　○安徽　　○北京　　○福建　　○甘肃　　○广东
○广西　　○贵州　　○海南　　○河北　　○河南　　○黑龙江
○湖北　　○湖南　　○吉林　　○江苏　　○江西　　○辽宁
○内蒙古　○宁夏　　○青海　　○山东　　○山西　　○陕西
○四川　　○天津　　○西藏　　○新疆　　○云南　　○浙江
○重庆

9. 您的户籍所在省份 [单选题]

○上海　　○安徽　　○北京　　○福建　　○甘肃　　○广东
○广西　　○贵州　　○海南　　○河北　　○河南　　○黑龙江
○湖北　　○湖南　　○吉林　　○江苏　　○江西　　○辽宁
○内蒙古　○宁夏　　○青海　　○山东　　○山西　　○陕西
○四川　　○天津　　○西藏　　○新疆　　○云南　　○浙江
○重庆

10. 您在当前居住城市的居住时间 [单选题]

○1 年以内

○1 年至 3 年

○3 年至 5 年

○5 年以上

第二部分：你对上海如下人才环境因素的满意程度

请根据您的理解和真实感受，对上海市城市人才环境在如下方面的表现，进行打分：(其中，5 分表示非常满意，4 分表示满意，3 分表示一般，2 分表示不满意，1 分表示非常不满意)

11. 工作环境 [矩阵量表题]

题　　目	5	4	3	2	1
薪资待遇高、晋升空间大	○	○	○	○	○
工作岗位适合自己、工作环境与企业文化良好	○	○	○	○	○
企业总部多，就业选择多，创新创业机会多	○	○	○	○	○
社会环境公平，易于接触新理念	○	○	○	○	○
精英人才多，人才交流活跃	○	○	○	○	○

12. 自然和城市环境［矩阵量表题］

题　目	5	4	3	2	1
气候宜人、空气质量高	○	○	○	○	○
风景秀丽、文物古迹较多（如拥有国家星级景区、名胜风景区等）	○	○	○	○	○
城市整洁干净,绿化程度高,公园数量较多	○	○	○	○	○

13. 商业消费设施［矩阵量表题］

题　目	5	4	3	2	1
物价水平合适	○	○	○	○	○
便利店、菜场等日常生活服务消费场所众多	○	○	○	○	○
商业服务网点丰富,购物中心、主题公园等大型商业娱乐场所较多	○	○	○	○	○
餐馆、酒吧、咖啡吧、茶楼、电影院等特色化、风格化休闲消费设施多样	○	○	○	○	○

14. 公共服务设施［矩阵量表题］

题　目	5	4	3	2	1
充足、优质的基础教育	○	○	○	○	○
充足、优质的医疗服务	○	○	○	○	○
住房价格、租金水平合理	○	○	○	○	○
可提供廉租房、公租房等住房保障	○	○	○	○	○
人才引进、创业政策有吸引力	○	○	○	○	○
落户门槛高,户籍审批程序复杂	○	○	○	○	○

15. 公共基础设施[矩阵量表题]

题　　目	5	4	3	2	1
便捷的市内交通,如公交站点多、有地铁和自行车道	○	○	○	○	○
通达的对外交通,如拥有高铁、机场、高速公路	○	○	○	○	○
完备的互联网、通信等信息基础设施供应	○	○	○	○	○

16. 社会人文环境[矩阵量表题]

题　　目	5	4	3	2	1
社会治安良好,犯罪率低	○	○	○	○	○
公民素质高、居民不排外	○	○	○	○	○
人文化境优良,拥有高品质的博物院、图书馆、剧院、艺术馆、音乐厅、体育馆等公共文化、体育、休闲设施	○	○	○	○	○
政府部门办事效率高,办事作风优良,公正度、清廉度高	○	○	○	○	○

第三部分

17. 除上述城市人才环境因素外,在选择城市居住或就业时,您是否会考虑其他因素,如有请填写名称。如您对该问卷有什么建议,敬请留言,我们非常欢迎您的意见和建议。

_____

_____

最后,再次感谢您的支持与合作,祝您身体健康,工作顺利,合家幸福!

参考文献

［1］ Berelson B. *Content analysis in communication research* ［M］. Michigan：Free Press. 1952.

［2］ Kolbe R H，Burnett M S. Content-analysis research：An examination of applications with directives for improving research reliability and objectivity ［J］. *Journal of Consumer Research*，1991，18(2)：243-25.

［3］ Krippendorff K. *Content analysis：an introduction to its methodology — Newbury Park*［M］. CA：Sage Publication，1980.

［4］ 何威,曹书乐.从"电子海洛因"到"中国创造"：《人民日报》游戏报道(1981—2017)的话语变迁[J].国际新闻界,2018,40(5)：57-81.

［5］ 黄颖.从进博会便利化措施看中国扩大进口的路径选择[J].对外经贸实务,2019,(1)：30-33.

［6］ 李静.谁的责任：中国媒体气候变化的责任归属话语研究——基于《人民日报》和《南方都市报》(2010—2018)的气候报道分析[J].中国地质大学学报(社会科学版),2019,19(5)：116-125.

［7］ 李巧玲.主流媒体对"三农"问题建构的变迁——基于《人民日报》1949—2018年"三农"问题报道的分析[J].青年记者,2019,(9)：47-48.

［8］ 刘洪波.词频统计的发展[J].图书与情报,1991,(2)：13-19.

［9］ 刘萌玥,陈效萱,吴建伟,赵玉宗,唐顺英.旅游景区网络舆情指标体系构建——基于蚂蜂窝网全国百家5A级景区的游客评论[J].资源开发与市场,2017,33(1)：80-84.

［10］ 毛薇.美国网络舆情中美贸易关系的话语认知和建构——以《华盛顿邮报》进博会报道的网络评论文本分析为例[J].情报杂志,2019,38(9)：83-89.

［11］ 钱弘道,肖建飞.论司法公开的价值取向——对《人民法院报》409篇报道及评论的分析[J].法律科学(西北政法大学学报),2018,36(4)：27-36.

［12］ 沙勇忠,牛春华.信息分析(第2版)[M].北京：科学出版社,2016.

［13］ 汪芳,孙瑞敏.传统村落的集体记忆研究：对纪录片《记住乡愁》进行内容分析为例.地理研究,2015,34(12)：2368-2380.

［14］ 王永明,王美霞,李瑞,吴殿廷.基于网络文本内容分析的凤凰古城旅游地意象感知研究[J].地理与地理信息科学,2015,31(1)：64-67+79.

［15］ 杨惠林.社会现实、民意焦虑与媒体污名化的互动："官二代"媒体形象建构——基于人

民网的分析(2010—2018)[J].湖北社会科学,2019,(6):183-188.

[16] 叶俊.上海世博中的媒体公共外交——以《解放日报》世博报道为例[J].新闻世界,2011,(11):208-209.

[17] 佚名.第一届进博会闭幕:共赴"东方之约"同享"中国机遇"[N].人民日报,2019-11-11(01).

[18] 张兵.新时代中国进一步扩大开放的庄严宣示[J].人民论坛,2018,(31):41-42.

[19] 郑华伟.红色旅游价值观内化的网络文本研究——兼论国民幸福感的生成机制[J].旅游学刊,2016,31(5):111-118.